3

문장 5형식부터 가정법까지 정복

✏️➡ **고딸 학습진도표**

공부 시작한 날 _____ 년 _____ 월 _____ 일

공부 목표 _____ 년 _____ 월 _____ 일 까지 책 끝내기

📖 영어 기초가 튼튼해지는
[고딸영문법 세트]

1권 **기초를 위한 필수 개념 이해**
명사, 인칭대명사, be동사/일반동사, 형용사, 부사

2권 **시제부터 의문문까지 개념 확장**
시제, 조동사(기초), 비교급/최상급, 전치사, 접속사, 의문문

3권 **문장 5형식부터 가정법까지 정복**
문장 5형식, 현재완료시제, 조동사(확장), 수동태, 가정법

4권 **to부정사부터 관계대명사까지 완성**
to부정사, 동명사, 현재분사/과거분사, 관계대명사, 관계부사

✏️➡ **고딸의 5단계 학습법**

1단계 **<본문>**을 재미있게 읽으면서 영문법을 술술 이해해요.

2단계 **<머리에 콕콕>**과 **<문법 Talk>**으로 핵심을 콕콕 다져요.

3단계 **<매일 10문장>**을 익히며 문법을 활용해요.

4단계 **<복습 TEST>**로 매일 전날 배운 내용을 복습해요.

5단계 **<종합 TEST>**로 나의 실력을 점검해요.

하루에 한 Unit씩 공부하면 **6주 완성**할 수 있어요!

1주차

| _____ 월 _____ 일 Unit 1. | _____ 월 _____ 일 Unit 2. | _____ 월 _____ 일 Unit 3. | _____ 월 _____ 일 Unit 4. | _____ 월 _____ 일 Unit 5. | _____ 월 _____ 일 Unit 6. | 쉬거나 밀린 Unit 공부하기 |

2주차

| _____ 월 _____ 일 Unit 7. | _____ 월 _____ 일 Unit 8. | _____ 월 _____ 일 Unit 9. | _____ 월 _____ 일 Unit 10. | _____ 월 _____ 일 Unit 11. | _____ 월 _____ 일 Unit 12. | 쉬거나 밀린 Unit 공부하기 |

3주차

| _____ 월 _____ 일 Unit 13. | _____ 월 _____ 일 Unit 14. | _____ 월 _____ 일 Unit 15. | _____ 월 _____ 일 Unit 16. | _____ 월 _____ 일 Unit 17. | _____ 월 _____ 일 Unit 18. | 쉬거나 밀린 Unit 공부하기 |

4주차

| _____ 월 _____ 일 Unit 19. | _____ 월 _____ 일 Unit 20. | _____ 월 _____ 일 Unit 21. | _____ 월 _____ 일 Unit 22. | _____ 월 _____ 일 Unit 23. | _____ 월 _____ 일 Unit 24. | 쉬거나 밀린 Unit 공부하기 |

5주차

| _____ 월 _____ 일 Unit 25. | _____ 월 _____ 일 Unit 26. | _____ 월 _____ 일 Unit 27. | _____ 월 _____ 일 Unit 28. | _____ 월 _____ 일 Unit 29. | _____ 월 _____ 일 Unit 30. | 쉬거나 밀린 Unit 공부하기 |

6주차

| _____ 월 _____ 일 Unit 31. | _____ 월 _____ 일 Unit 32. | _____ 월 _____ 일 Unit 33. | _____ 월 _____ 일 Unit 34. | _____ 월 _____ 일 Unit 35. | | 쉬거나 밀린 Unit 공부하기 |

목차

안녕하세요. 고딸입니다.
1,2권으로 기초 영문법 잡으셨나요? 짝짝짝
3권을 완독하면 영문법 고수가 될 수 있어요. 영어 시험 만점!

영문법 왜 공부해야 하지?

영문법! 생각만 해도 너무 어렵죠. 큰맘 먹고 영문법 책을 구매했어도 막상 앞 쪽만 보다가 책장에 고이 꽂아 두신 분들 많을 거예요. 저도 그랬어요. 한국에서 평범하게 영어를 배웠고, 영문법 때문에 머리 아파하던 때가 있었어요.

그런데 막상 성인이 되고 뉴질랜드에서 살면서 영어를 사용하다 보니, 영문법을 제대로 알면 영어가 쉬워진다는 것을 깨닫게 되었어요. 영문법이라는 게 영어의 규칙을 알기 쉽게 정리해둔 지식이니까요. 잘 정리된 규칙을 응용하면 영어 문장 구조가 한눈에 쏙 들어오게 됩니다. 영어를 모국어처럼 배우는 게 아니라면, 영문법을 빨리 알면 알수록 영어의 틀이 빨리 잡히고 영어 실력이 튼튼해져요.

영문법은 왜 이렇게 어려울까요?

영어가 언어이다 보니 예외 규칙이 많은 것은 사실이에요. 규칙이 많다 보니 영문법을 공부할 때 영문법이 끝이 없어 보여서 힘들어하시는 분들도 많고요. 그럼 어떻게 공부해야 할까요? 영문법에도 우선순위가 있어요. 영어 문장을 만들 때 핵심 규칙들이요. 그 규칙을 먼저 배우고 흐름을 잡으면, 나머지 예외들은 가볍게 받아들일 수 있어요.

영문법의 허들을 고딸과 함께 뛰어넘어요.

<고딸영문법 3>에서는 단순히 영문법 규칙을 나열하지 않고 무엇이 중요한지, 언제, 왜 그런 법칙을 쓰는지까지 자세하게 설명하고 있어요. 원어민 남편 꿀먹보와 머리를 맞대어 논의하고 연구하며 영문법을 정리했습니다. 강사로 영어를 가르칠 때 학생들이 어려워했던 부분도 집중적으로 속 시원하게 다뤘고요. 중/고등학교 영문법뿐만 아니라 토익, 공무원 시험 대비 영문법까지 <고딸영문법>과 함께 라면 문제없어요. 더 이상 많은 분들이 영문법 때문에 영어를 포기하는 것이 아니라 영문법을 알고 영어 실력에 날개를 다셨으면 합니다.

고딸
고등어 집 딸내미

꿀먹보
뉴질랜드 사람, 고딸 남편

스텔라
고딸과 꿀먹보의 딸

문장 5형식부터 가정법까지 정복

영어의 모든 문장은 5형식으로 정리되는데요.

이 5형식을 알면 영어의 문장 구조가 한눈에 쏙 들어와요.

덤으로 자동사, 타동사 개념까지 챙기세요.

1. 문장의 형식이란?

영어는 왜 이렇게 어려울까요?

바로 한국어와 말하는 순서가 다르기 때문인데요.

먼저, 다음 예문에서 동사 '**좋아해**'와 '**like**'의 위치를 확인해보세요.

1) [한국어] **나는 너를 좋아해.**
　　　　　　주어　　　　　동사

2) [영어] **I like you.**
　　　　　주어 동사

　　　　1) **우리말**에서는 **동사**(좋아해)를 **맨 뒤**에 썼지만

2) **영어**에서는 **주어**(I) 다음에 바로 **동사**(like)를 썼죠? [1권 Unit 1]

이처럼 영어는 한국어와 달리 **주어**와 **동사**의 순서로 써야 해요.

이 순서를 지키지 않으면

올바른 문장을 만들 수가 없어요.

한국어와 영어는 정말 다르네요ㅠ

맞아. 그래서 영어의 어순에 익숙해지는 연습이 꼭 필요해.

영어에서 모든 문장은 일정한 구조를 따르는데요.
이를 다섯 가지로 정리한 것이 5형식이에요.

5형식: 영어 문장의 5가지 구조

이 5형식만 알면 자유자재로 문장을 만들 수가 있어요.
그럼 5형식 구조를 살펴볼까요? 짠!

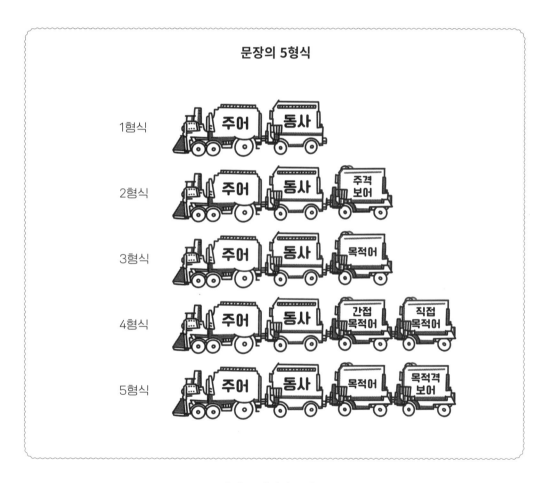

딱 봐도 어려워 보이죠?
하지만 당황하지 마세요.

1형식부터 5형식까지 문장은 모두 **주어**와 **동사**로 시작을 하고
그 뒤에 어떤 말을 쓰는지만 알면 끝!
각각 무엇을 의미하는지 하나씩 살펴볼게요.

1형식은 **주어**와 **동사**로만 이루어진 문장이에요.

1형식

주어는 '~은/는/이/가'로 끝나는 말
동사는 '~다'로 끝나는 말!

딱 이 두 개로 문장이 만들어집니다. 예문을 볼게요!

She cried. (그녀는 울었다.)
주어 (칸)   동사 (칸)

주어 She(그녀는) **+ 동사 cried**(울었다)

주어와 동사로만 되어 있으니 1형식이에요.

1형식: 주어 + 동사

오호~
1형식은 쉽네요?

주어, 동사만 기억하면
끝!

3. 문장 형식에서 주의할 점

형식을 공부할 때 주의할 점 두 가지가 있어요.

1) 문장 열차 한 칸에 여러 단어가 들어갈 수 있음

영어 문장의 형식은 단어 개수로 따지는 것이 아니라
의미 단위로 접근해야 해요.

예를 들어,

The phone rang. (그 전화가 울렸다.)
주어 (칸)   동사 (칸)

주어 칸에 **'그 전화가'** 있죠?
the는 명사 앞에 쓰는 **관사**예요. 그래서 **명사** phone과 함께 주어 칸에 탑승합니다.

앗! 주어 칸에 한 단어만
들어가는 것이
아니군요~

a, the, my 등은
명사와 딱 붙어있어.

또 다른 예문을 볼게요.

I can sing. (나는 노래 부를 수 있다.)
주어 (칸)　동사 (칸)

조동사 can과 **일반동사 sing**이 모두 동사 칸에 함께 들어가 있죠?
'노래 부를 수 있다'라는 뜻이 되어요.

이처럼 **조동사**나 **시제** 등을 나타내는 말들은
동사에 뜻을 더해주니 동사 칸에 같이 탑승합니다.

조동사, 시제 표현은 모두 동사 칸에 탑승

Quiz 2

다음 문장은 모두 1형식입니다. 동사 칸에 밑줄 그어 보세요.

1) The boy is swimming. (그 소년은 수영하는 중이다.)

2) My mom will come. (나의 엄마는 올 것이다.)

1) 주어 칸에는 '그 소년은'에 해당하는 The boy가 탑승합니다. 동사 칸에는 '~하고 있는 중이다'로 현재진행시제를 나타내는 <be동사 + 일반동사ing>가 하나의 세트로 탑승합니다. 2) 주어 칸에는 '나의 엄마는'에 해당하는 My mom이 탑승합니다. 동사 칸에는 <조동사 + 동사원형>이 함께 탑승합니다.

정답 1) is swimming 2) will come

2) 부사, 전치사구는 문장 형식에 영향을 주지 않음

부사나 전치사구는 영어에서 **수식어** 역할을 하는데요.
단순히 꾸미는 말이라서 문장 뼈대에는 영향을 주지 않아요.

수식어 = 꾸미는 말

예문을 볼게요.

I studied <u>in the library</u>. (나는 도서관에서 공부했다.)
전치사구

in the library(도서관에서)는
전치사 in으로 시작하는 **전치사구**예요.
없어도 되지만 문장에 부가 설명을 해주는 표현으로 **수식어**예요.
따라서, 수식어는 문장 형식 따질 때 빼고 생각하면 됩니다.

주어 I (나는) **+ 동사 studied** (공부했다)

주어와 동사로 된 1형식이에요.

그렇다면, 다음 문장은 몇 형식일까요?

> ## The summer vacation started yesterday.
> (여름 방학은 어제 시작했다.)

먼저 수식어부터 제거!

yesterday는 '어제'라는 뜻으로 '언제'를 나타내는 부사입니다. [1권 Unit 24]

> **주어 the summer vacation**(여름 방학은) **+ 동사 started**(시작했다)

1형식 문장이에요.

다음 문장은 모두 1형식입니다. 수식어를 찾아서 밑줄 그어 보세요.

1) I live in Seoul. (나는 서울에 산다.)

2) He will go to the party. (그는 그 파티에 갈 것이다.)

3) I should work hard. (나는 열심히 일해야 한다.)

1) 전치사 in과 명사 Seoul은 전치사구로 수식어입니다. 2) '~으로'를 나타내는 전치사 to와 관사 the, 명사 party까지 전치사구로 수식어입니다. 3) hard는 '열심히'라는 뜻으로 부사입니다.

정답 1) in Seoul 2) to the party 3) hard

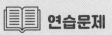
머리에 콕콕

Unit 1.

다음 <보기>에서 알맞은 말을 골라 빈칸을 완성해 보세요.

보기

- 동사
- 전치사구
- my mom

개념	특징	예문
1형식	주어 + ①_____	She cried. (그녀는 울었다.)
주의	▪ 문장 열차 한 칸에 여러 단어가 들어 갈 수 있음 ▪ 수식어(부사, ②_____)는 문장 형식에 영향을 주지 않음	My mom will come tomorrow. (나의 엄마는 내일 올 것이다.) 주어: ③_____ 동사: will come 수식어: tomorrow

정답 ① 동사 ② 전치사구 ③ My mom

문법 Talk

📶 고딸영문법3   100% 🔋

스텔라♥ 영어에서 1형식이 뭔지 알아?

당연히 알죠. 1형식만 쉬워요 ㅋㅋ
주어와 동사로 된 문장이요.

딩동댕!

이 세상 모든 문장이
1형식으로만 되어 있으면
얼마나 좋을까요 ㅋㅋㅋ

 **연습문제**

매일 10문장

[1-4] 다음 문장에서 주어와 동사에 해당하는 단어를 쓰세요.

	주어	동사

1. My feet hurt. _____ _____

2. The sun is shining. _____ _____

3. The baby can walk. _____ _____

4. They are dancing. _____ _____

[5-7] 다음 문장에서 수식어에 밑줄 그으세요.

5. I slept early.

6. He stood at the door.

7. The train arrives at 10 o'clock.

[8-10] 다음 우리말에 알맞도록 주어진 단어를 바르게 배열하세요.

8. 그는 뉴욕으로 이사했다. (moved / to New York / he)

_____

9. 그 가게는 9시에 연다. (at 9 / opens / the shop)

_____

10. 나의 부모님은 호주에 사신다. (live / in Australia / my parents)

_____

[단어] 1. **hurt** 아프다 2. **shine** 빛나다 6. **at the door** 문 앞에 7. **arrive** 도착하다
8. **move** 이사하다 10. **parents** 부모님

형식만 달달 외운다고 영어를
잘 하는 것은 아니에요.

문장을 많이 만들어보고 순서에
익숙해지는 것이 중요해요.

1. 주격 보어란?

2형식은요.

주어와 동사 다음에 열차 한 칸이 더 붙어 있어요.

바로 **주격 보어**예요.

2형식

주어 동사 주격 보어

주격 보어란 주어가 누구인지, 어떠한 상태인지를 나타내는 말로

주어를 보충하는 역할을 해요.

주격 보어: 주어를 보충하는 말

설명이 어렵죠? 예문을 볼게요.

1) He is a singer. (그는 가수이다.)

2) He is tall. (그는 키가 크다.)

1) a singer(가수)는 그가 누구인지에 대해 말해주고 있어요.

2) tall(키가 큰)은 그가 어떠한지에 대해 말해주고 있어요.

모두 **주어를 보충 설명**하고 있으니 **주격 보어**입니다.

주어의 상태 = 주격 보어

주어의 상태가 곧 주격 보어에 해당되어요.

주격 보어 칸에는 a singer와 tall처럼 주로 **명사**나 **형용사**가 들어갑니다.

다음 문장은 모두 2형식입니다. 주격 보어를 찾아 밑줄 그어 보세요.

1) I'm a student. (나는 학생이다.)

2) You are smart. (너는 똑똑하다.)

1) '나는 = 학생'이기 때문에 a student가 주격 보어입니다. 2) '너는 = 똑똑한'으로 smart가 주격 보어입니다. 1)의 주격 보어는 명사(a student), 2)의 주격 보어는 형용사(smart)라는 것도 확인하세요.

정답 1) a student 2) smart

2. 2형식 동사란?

2형식 동사 칸에는 아무 동사나 들어갈 수 없어요.
주어와 주격 보어의 관계가 동등하기 때문에
이 둘을 단순히 이어주는 역할을 하는 동사만 쓸 수 있어요.

2형식 동사의 특징: 단순 연결 역할

단순 연결 역할을 하는 동사 세 그룹을 소개할게요.

2형식 동사
1) be동사
2) 상태/변화를 나타내는 동사
3) 감각동사

1) be동사

be동사 **am, are, is**는 기본적으로 '**~이다**'라는 뜻이 있죠?
특별한 의미 없이 주어와 주격 보어를 이어주는 역할을 하며
2형식 구조에서 정말 자주 써요.

They are police officers. (그들은 경찰관이다.)

그들은 = 경찰관

be동사 are는 '**~이다**'라는 뜻으로 주어와 주격 보어를
동등하게 연결하는 역할을 합니다.

2) 상태/변화를 나타내는 동사

become(~이 되다) **turn**(~로 변하다) **get**(~이 되다) **grow**(~해지다)

먼저 단어의 뜻을 보세요.
모두 주어의 상태 변화를 나타내고 있어요.

She became a scientist.

(그녀는 과학자가 되었다.)

그녀는 = 과학자

became이라는 동사는 '**~이 되었다**'는 뜻으로
주어와 주격 보어를 이어주고 있어요.

His face turned red. (그의 얼굴이 빨개졌다.)

그의 얼굴은 = 빨간

여기서 **turned**이라는 동사는 '돌렸다'라는 뜻이 아니라
'~로 변했다'라는 의미예요.
주어와 주격 부어의 상태 변화를 나타내고 있어요.

3) 감각동사

감각동사는요. 우리의 얼굴을 떠올려보세요.

보고 듣고 맡고 맛보고 만지는 것을
묘사하는 동사를 감각동사라고 해요.

감각동사: 감각의 느낌을 묘사하는 동사

예를 들어 볼게요.

> ## He looks angry.
> (그는 화나 보인다.)

그는 = 화난

주어와 주격 보어의 관계가 보이죠? looks는 단순히 이 둘을 연결해요.
여기서 looks는 '보다'라는 뜻이 아니라 **'~해 보인다'**라는 뜻이에요.

여기 또 다른 예문이 있어요.

> ## It smells bad.
> (그것은 안 좋은 냄새가 난다.)

그것은 = 안 좋은

smells는 **'~한 냄새가 난다'**라는 뜻으로 주어와 주격 보어를 이어주는 역할을 해요.

Quiz 2

다음 문장을 해석하세요.

The blanket feels heavy.

= _____

feel 다음에 형용사를 쓰면 '~한 느낌이 난다'라는 뜻이 됩니다.　　　　　　　　정답 이불은 무거운 느낌이 난다.

2. 2형식 동사란?

감각동사는 학교 시험에 정말 정말 자주 나와요.
왜? 바로 감각동사 다음에는
형용사를 써야 하기 때문인데요.

감각동사 + 형용사

외우지 말고 생각해 보세요. 감각동사는 느낌을 묘사하죠?
따라서 감각동사 다음에는 **'어떤 느낌이 나는지'**에 해당하는 **형용사**를 씁니다.

그녀는 아름다워 보인다.

1) She looks beautiful. (O)
2) She looks beautifully. (X)

1)은 looks(~해 보인다) 다음에 **형용사** beautiful(아름다운)을 쓴 올바른 문장입니다.
2)는 **부사** beautifully(아름답게)를 썼으니 잘못된 문장이에요.

이처럼 **감각동사** 다음에는 **형용사**를 써야 하는 것을 기억하세요.

Quiz 3

다음 문장에서 알맞은 것을 고르세요.

This apple tastes (strange / strangely).

(이 사과는 이상한 맛이 난다.)

1) tastes는 '~한 맛이 나다'라는 감각동사입니다. 그다음에는 어떻게 보이는지에
해당하는 형용사를 써야 합니다. strange: 이상한(형용사), strangely: 이상하게(부사)

정답 strange

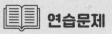 **연습문제**

머리에 콕콕

Unit 2.

다음 <보기>에서 알맞은 말을 골라 빈칸을 완성해 보세요.

보기
- be동사
- 주격 보어
- looks

개념	특징	예문
2형식	주어 + 동사 + ①_____ 주격 보어: 주어를 보충하는 말	He is a singer. (그는 가수이다.)
2형식 동사	• ②_____ • 상태/변화를 나타내는 동사 • 감각동사 주의) 감각동사 + 형용사	They are police officers. (그들은 경찰관이다.) He ③_____ angry. (그는 화나 보인다.)

정답 ① 주격 보어 ② be동사 ③ looks

문법 Talk

매일 10문장

Unit 2.

[1-4] 다음 문장에서 주격 보어에 밑줄 그으세요.

1. My tea got cold.

2. This desk is old.

3. His hair turned gray.

4. Mr. Henry is a fashion designer.

[5-7] 다음 중 올바른 것을 고르세요.

5. This room smells (bad / badly).

6. The cushion feels (softly / soft).

7. The music sounds (terrible / terribly).

[8-10] 다음 우리말에 알맞도록 주어진 단어를 바르게 배열하세요.

8. 이것은 나의 고양이이다. (is / my cat / this)

   _____

9. 하늘이 어두워졌다. (grew / the sky / dark)

   _____

10. 이 수건은 좋은 냄새가 난다. (this towel / good / smells)

   _____

[단어] 1. **tea** 차 3. **gray** 회색의 4. **fashion designer** 패션 디자이너 7. **terrible** 형편없는

[복습] 주어진 단어를 바르게 배열하세요.

1. 나의 발이 아프다. (hurt / feet / my)

   _____

2. 그는 문 앞에 서 있었다. (stood / at the door / he)

   _____

3. 나의 부모님은 호주에 사신다. (live / my parents / in Australia)

   _____

Unit 3. 3형식이란?

1. 3형식의 목적어

3형식도 2형식처럼
세 개의 열차 칸으로 구성되어 있지만 한 가지가 달라요.

비교해 볼까요?

3형식

주어　동사　목적어

세 번째 열차 칸이 다르죠?
2형식에는 **주격 보어**를,
3형식에는 **목적어**를 써요.

엄마 목적어는
또 뭐예요?

목적어는 단순해!
'을/를'로 해석되는 것

목적어는요. 우리말 '**을/를**'에 해당하는 것으로
동사 행동의 대상을 의미해요.

목적어: 동사 행동의 대상 [을/를]

예문을 볼게요.

> **Mike watched a movie.** (마이크는 영화를 봤다.)

목적어는? '을/를'에 해당하는 **a movie**입니다.

> **주어 Mike**(마이크는) + **동사 watched**(봤다) + **목적어 a movie**(영화를)

주어, 동사, 목적어로 된 3형식 문장이에요.

또 다른 예문!

> **I love him.** (나는 그를 사랑한다.)

사랑하는 대상은? him
'~을/를'로 해석되니 **목적어**라고 합니다.

> **주어 I**(나는) + **동사 love**(사랑하다) + **목적어 him**(그를)

주어, 동사, 목적어로 되어 있으니 3형식 문장이에요.

위의 예문처럼 목적어 칸에 대명사를 쓸 때는
꼭 **목적격 대명사**로 써야 하는 것을 주의하세요. [1권 Unit 10]

> **I love he.** (X) **I love him.** (O)

다음 문장은 모두 3형식입니다. 목적어를 찾아 밑줄 그어 보세요.

1) She cleaned the room. (그녀는 그 방을 청소했다.)

2) I like them. (나는 그들을 좋아한다.)

1) '을/를'에 해당하는 '그 방을'이 목적어입니다.
2) '을/를'에 해당하는 '그들을'이 목적어입니다.

정답 1) the room 2) them

2. 2형식과 3형식 구분하는 방법

엄마~ 2형식과 3형식이 너무 헷갈려요.

주격 보어는 '='기호 목적어는 '을/를' 떠올리면 돼.

2형식과 3형식을 구분할 때는
주어와 동사 다음에 오는 단어가
주격 보어인지 **목적어**인지 따져 봐야 합니다.

2형식	3형식
주어의 상태 = 주격 보어	**을/를**

주어의 상태가 곧 주격 보어이면 **2형식**이고
'을/를'로 해석되면 **3형식**이에요.

다음 문장은 몇 형식일까요?

> **I had dinner.** (나는 저녁을 먹었어.)

'저녁을'이라고 해석되죠?
dinner가 목적어이기 때문에 **3형식**이에요.

Quiz 2

다음 문장이 2형식인지 3형식인지 쓰세요.

1) **That girl is my sister.** (저 소녀는 나의 언니이다.) _____

2) **I met John.** (나는 존을 만났다.) _____

1) '저 소녀는 = 나의 언니' 주어와 주격 보어가 동등한 관계이므로 2형식 문장입니다.
2) 나는 존이 아니죠! '존을'이라고 해석되니 목적어입니다. 따라서 3형식이에요.   정답 1) 2형식 2) 3형식

그럼 조금 더 어려운 문제!
다음 문장의 형식을 분석해 보세요.

> **1)** **I tasted the soup.**
> **2)** **The soup tasted salty.**

1) I tasted the soup. (나는 수프를 맛보았다.)

'을/를'로 해석이 되니 **3형식**이에요.
나의 상태가 수프는 될 수 없죠?

나는 ≠ 그 수프

주어를 보충해서 설명하는 것이 아니므로 2형식 문장이 아닌거예요.

2) The soup tasted salty. (그 수프는 짠맛이 났다.)

그 수프는 = 짠

주어와 주격 보어의 동등한 관계가 성립되죠?
따라서 **2형식** 문장이에요.

이처럼 동사 taste는 어떤 뜻으로
어떤 단어와 함께 쓰는지에 따라 문장의 형식이 달라집니다.

| taste | (~을) 맛보다 ➡ 3형식
~한 맛이 나다 ➡ 2형식 |

같은 동사라도 다른 형식에서 다양하게 쓸 수 있으니,
여러 예문에 익숙해지는 게 중요합니다.

끄악… 뜻이
여러 개라니!

당황하지 말고
뒤에 단어가
'을/를'로 해석되면
3형식이라고 기억해.

 **연습문제**

Unit 3.

머리에 콕콕

다음 <보기>에서 알맞은 말을 골라 빈칸을 완성해 보세요.

보기	개념	특징	예문
• 목적어 • 주격 보어	3형식	주어 + 동사 + ①_____ 목적어: '을/를'로 해석되는 동사 행동의 대상	I love him. (나는 그를 사랑한다.)
	2형식 vs 3형식	2형식: 주어의 상태 = ②_____	That girl is my sister. (저 소녀는 나의 언니이다.)
		3형식: 목적어 '을/를'	I like cats. (나는 고양이를 좋아한다.)

요탑 ① 목적어 ② 주격 보어

문법 Talk

📶 고딸영문법3   100% 🔋

> 엄마, 2형식하고 3형식이 헷갈려요.

> 간단해!
'을/를'로 해석되면
3형식이야!

> 아하~

> 헷갈리면 I love you.
이 문장을 떠올려 봐.
나는 / 사랑한다 / 너를 (3형식)

> 나도 사랑해요~ 엄마♥

매일 10문장

Unit 3.

[1-3] 다음 문장에서 목적어에 밑줄 그으세요.

1. I found my notebook.

2. They won the game.

3. My uncle sold his car.

[4-6] 다음 우리말에 알맞도록 주어진 단어를 바르게 배열하세요.

4. 그는 피자를 태웠다. (the pizza / burned / he)

   _____

5. 나는 책 몇 권을 빌렸다. (borrowed / some books / I)

   _____

6. 노아는 그의 휴대폰을 충전하고 있다. (Noah / his phone / is charging)

   _____

[7-10] 다음 밑줄 친 부분이 주격 보어인지, 목적어인지 쓰세요.

7. I don't enjoy <u>summer</u>.   _____

8. Alex is <u>a movie director</u>.   _____

9. She will carry <u>this box</u>.   _____

10. This vegetable tastes <u>bitter</u>.   _____

[단어] 1. **notebook** 공책 2. **won** 이겼다 [**win** 이기다] 4. **burn** 태우다 5. **borrow** 빌리다
6. **charge** 충전하다 8. **movie director** 영화감독 10. **bitter** 쓴

[복습] 주어진 단어를 바르게 배열하세요.

1. 나의 차가 식었다. (got / my / cold / tea)

   _____

2. 이 방은 안 좋은 냄새가 난다. (bad / smells / room / this)

   _____

3. 하늘이 어두워졌다. (grew / the sky / dark)

   _____

Unit 2 복습 TEST

Unit 4. 4형식이란?

1. 4형식 구조

4형식을 쓰는 상황은 명확해요.
누군가에게 무언가를 주는 상황을 묘사할 때 4형식을 씁니다.

> ### ~에게 ~을 주다

4형식 구조는 주어와 동사 다음에
'~에게'에 해당하는 **사람**
'~을'에 해당하는 **사물** 순서로 쓰는 게 핵심이에요.

> ### 4형식: 주어 + 동사 + 사람(~에게) + 사물(을/를)

나는 팀에게 카드를 줬다.

1) I gave Tim a card. (O)

2) I gave a card Tim. (X)

1)처럼 동사 gave 다음에 **사람** Tim, **사물** a card 순서로 써야 올바른 문장이에요.

엄마~ 이 순서가 헷갈리면 어쩌죠?

사람이 제일 중요하니까 사람 먼저 쓴다고 생각해.

Quiz 1

다음 주어진 단어를 바르게 배열하여 문장을 완성하세요.

1) 나는 잭에게 편지를 보냈다. (sent / Jack / a letter / I)

= _____

2) 그는 밀라에게 책 한 권을 사줬다. (a book / he / Mila / bought)

= _____

4형식 구조는 '주어 + 동사 + 사람 + 사물' 순서로 써야 합니다.   정답 1) I sent Jack a letter. 2) He bought Mila a book.

2. 4형식 동사란?

4형식에 쓰는 동사를 **수여동사**라고 합니다.
'수여'가 무슨 뜻일까요?
우리 졸업식이나 수상식을 떠올려 보세요.

'수여합니다'라는 말을 '줍니다'라는 말로 바꿔 쓸 수 있죠?
'주다'의 의미를 가지는 동사가 수여동사예요.

> ### 주는 동사 ➜ 수여동사

2. 4형식 동사란?

그럼 영어에는 어떤 수여동사가 있을까요?

> **give**(주다) **show**(보여 주다) **send**(보내 주다) **teach**(가르쳐 주다) **tell**(말해 주다)
>
> **cook**(요리해 주다) **make**(만들어 주다) **find**(찾아 주다) **lend**(빌려주다) 등등

모두 '~에게 ~을 주다'의 구조에 쓸 수 있어요.

> **I gave Lily a book.** (나는 릴리에게 책 한 권을 줬다.)
> **I showed Lily the photo.** (나는 릴리에게 그 사진을 보여줬다.)
> **I made Lily a doll house.** (나는 릴리에게 인형집을 만들어 줬다.)

모두 수여동사 다음에 사람, 사물의 순서로 쓴 것을 확인하세요.

3. 간접 목적어/직접 목적어

4형식 구조를 배울 때 우리의 머리를 아프게 하는 용어가 또 있어요.
바로 간접 목적어와 직접 목적어!

4형식에서 **'사람'**을 간접 목적어
'사물'을 직접 목적어라고 합니다.

> # 사람(~에게): 간접 목적어
> # 사물(~을/를): 직접 목적어

용어가 너무 어렵죠?
여러분이 친구 존에게 공을 던지는 모습을 상상해 봅시다.

John

던지는 행동에 영향을 받는 대상은 두 개인데요.

여러분이 **직접** 던지는 것은? **공**
여러분의 행동에 2차적
즉 **간접적**으로 영향을 받는 대상은? 친구 **존**이죠.

[~을/를] 직접 목적어

I threw John the ball.
사람   사물

[~에게] 간접 목적어

따라서 '**~에게**'에 해당하는 사람을 **간접 목적어**라고 하고
'**을/를**'에 해당하는 사물을 **직접 목적어**라고 해요.

엄마 간접, 직접
너무 헷갈려요.

'인간'을 떠올려.
사람이 간접 목적어

3. 간접 목적어/직접 목적어

여기서 주의할 점 한 가지 더!

간접 목적어, 직접 목적어 모두
동사 행동에 영향을 받는 대상으로 목적어이기 때문에
대명사를 쓸 때는 **목적격**으로 써야 해요.

예를 들어

마이크가 나에게
이 컴퓨터를 줬어.

목적격

1) Mike gave <u>me</u> this computer. (O)

2) Mike gave I this computer. (X)

주격

'나에게'라고 쓸 때 목적격 me를 쓴 것을 확인하세요.
I는 주격으로 주어 칸에만 써야 해요. [1권 Unit 9]

Quiz 2

다음 빈칸에 들어갈 말을 고르세요.

He gave _____ these balloons. (그는 우리에게 이 풍선들을 줬다.)

① we ② us

'~에게'에 해당하는 말은 간접목적어로 대명사를 쓸 때 목적격을 써야 합니다.
① we(우리는)는 주격입니다. ② us(우리를)는 목적격입니다.   정답 ②

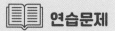 **연습문제**

머리에 콕콕

Unit 4.

다음 <보기>에서 알맞은 말을 골라 빈칸을 완성해 보세요.

보기	개념	특징	예문
▪ 을/를 ▪ 수여동사 ▪ 간접 목적어	4형식	주어 + 동사 + ①_____ + 직접 목적어	I gave Tim a card. (나는 팀에게 카드를 줬다.)
		사람(~에게) = 간접 목적어 사물(②_____) = 직접 목적어	I sent Jack a letter. (나는 잭에게 편지를 보냈다.)
	4형식 동사	③_____: 주는 동사 예) give(주다), show(보여 주다), send(보내 주다) 등	I showed him the photo. (나는 그에게 그 사진을 보여줬다.)

정답 ① 간접 목적어 ② 을/를 ③ 수여동사

문법 Talk

Unit 4.

매일 10문장

[1-3] 다음 중 간접 목적어에 밑줄 그으세요.

1. Dave cooked me pasta.

2. She bought Amy earrings.

3. I will send her a Christmas gift.

[4-7] 다음 우리말에 알맞도록 주어진 단어를 바르게 배열하세요.

4. 나는 그에게 목도리를 만들어줬다. (him / a scarf / made / I)

   _____

5. 팀은 그녀에게 영화 티켓을 줬다. (movie tickets / gave / Tim / her)

   _____

6. 그는 우리에게 그의 컴퓨터를 보여줬다. (showed / he / his computer / us)

   _____

7. 나의 엄마는 나에게 새 코트를 사주셨다. (a new coat / me / bought / my mom)

   _____

[8-10] 다음 문장의 형식을 쓰세요.

8. Kate is a good friend.   _____

9. That bird sat on the fence.   _____

10. She taught us Japanese.   _____

[단어] 1. **cook** 요리하다 2. **earring** 귀걸이 4. **scarf** 목도리 9. **sat** 앉았다 [**sit** 앉다] **fence** 울타리

[복습] 주어진 단어를 바르게 배열하세요.

1. 그들은 경기를 이겼다. (the game / won / they)

   _____

2. 나는 책 몇 권을 빌렸다. (I / some books / borrowed)

   _____

3. 나의 삼촌은 그의 차를 팔았다. (sold / his car / my uncle)

   _____

40

Unit 5. 4형식을 3형식으로 바꾸는 방법

1. 단어 순서 바꾸기

우리 지금까지 4형식은 **주어 + 동사 + 사람(간접 목적어) + 사물(직접 목적어)**
순서로 문장을 써야 한다고 공부했죠?

그런데! **한 가지 조건**을 지키면 사람, 사물의 순서를 바꿔서 말할 수도 있어요.

혁. 이제 순서를 바꾼다고요?

응! 받는 사람을 강조할 때 바꿔서 말하기도 해.

두 목적어의 순서가 바뀌면 문장에 **전치사**를 사용해서 발자국을 남겨야 해요.

주어 + 동사 + 사람 + 사물

주어 + 동사 + 사물 + to + 사람

전치사 발자국 👞

예문을 볼게요.

나는 그녀에게 꽃을 줬다.

1) I gave her <u>a flower.</u>

2) I gave <u>a flower</u> to her.

1) 주어와 동사 다음에 사람(her), 사물(a flower) 순서로 쓴 문장이에요.

2) 사물(a flower)을 먼저 썼죠? 목적어 순서가 바뀌었으니까 발자국 표시로
전치사 to를 쓰고, 그 뒤에 사람(her)을 씁니다.

다음 주어진 단어를 바르게 배열하여 문장을 완성해 보세요.

1) **She gave him some money.** (그녀는 그에게 약간의 돈을 주었다.)

= **She gave some money** _____ _____.

2) **Emma showed me the picture.** (엠마는 나에게 그 그림을 보여줬다.)

= **Emma showed the picture** _____ _____.

사람, 사물의 순서가 바뀔 때에는 일반적으로 사람(간접 목적어) 앞에 전치사 to를 씁니다.   정답 1) to him 2) to me

2. 문장 형식 비교

그럼, 다음 두 문장의 형식은 같을까요 다를까요?

그녀는 우리에게 영어를 가르친다.

1) **She teaches us English.**

2) **She teaches English to us.**

1) 주어 + 동사 다음에 사람(us), 사물(English) 순서로 쓴 **4형식** 문장이에요.

2)는 먼저 **수식어를 제거**해 볼까요?
to us는 전치사로 시작하는 수식어!

She teaches English. (그녀는 영어를 가르친다.)

English는 '을/를'로 해석되는 목적어이기 때문에 **3형식**이 됩니다.
이처럼 사람과 물건의 순서를 바꾸고 전치사를 남겨주는 것을
영문법에서는 **"4형식에서 3형식으로 바꾼다"**라고 말합니다.

사람, 사물 순서를 바꿀 때
발자국이 전치사 to만 있는 게 아니에요.
to, for, of 세 가지가 있어요.

전치사 to, for, of 중에서 무엇을 사용할지에 대한
결정권은 **동사**에 있어요.

어떤 동사가 어떤 발자국 전치사를 선호하는지 살펴볼게요.

1) 발자국 to

전치사 **to**는 '**~에게**'라는 뜻으로 많은 동사들이 좋아하는 발자국이에요.

give(주다) teach(가르치다) show(보여 주다)

lend(빌려주다) pass(건네다) send(보내 주다)

bring(가져다 주다) 등

무언가를 주거나, 가르치거나, 보여주거나, 빌려주거나, 건네거나 하는 행동은
'**~에게**'를 의미하는 **to**와 함께 써요.

나는 펜을 주었어.
누구에게? 그에게.

I gave a pen to him.

동사 gave 다음에 '사물 **to** 사람' 순서로 쓴 것을 확인하세요.

2) 발자국 for

전치사 for는 '**~를 위해서**'라는 뜻이에요.
전치사 to가 '~에게'로 단순히 전달하는 동사들과 함께 쓴다면
for는 무언가를 주기 위해 정성스러운 행동을 하는 동사들과 써요.

cook(요리하다) find(찾다) buy(사다)

get(얻다) make(만들다) 등

사물 **for** 사람

~를 위해서

요리하고, 찾고, 사고, 얻고, 만들고 이런 행동은
단순히 전달하는 것이 아니죠?

정성스러운 행동

특별함을 강조하며 for를 씁니다.

for: ~를 위해서

예를 들어

가방을 샀어.
그녀를 위해! for

I bought a bag for her.

가방을 사는 것은 정성스러운 행동이죠?
특별함을 강조하기 위해 for와 함께 썼어요.

엄마, 전치사
너무 헷갈려요ㅠㅠ

남자친구나
여자친구한테 하는
정성스러운 행동에는
for를 쓴다고 기억해.

기초 회화를 공부하시는 분들은
전치사 to와 for 차이 때문에
너무 많이 고민하지 않으셨으면 해요.

to는 단순히 **'~에게'**
for는 **특별함**을 담아 **'~을 위해'**
이 느낌만 알아도 됩니다.

단, 영문법을 공부하는 학생이라면 시험에 자주 나오니 기억해 두세요.

3) 발자국 of

of는 거의 안 써요. 딱 '묻다'라는 뜻을 가진 동사만 기억하면 돼요.

ask(묻다) inquire(묻다) 등

사물 of 사람

I asked a question of her.

'질문을 던지는 것'은 실질적으로 무언가를 주는 게 아니라
그 사람의 **지식을 알아내기 위한** 행위이기 때문에
특이하게 **전치사 of**를 씁니다.

실제 회화에서는 사실
4형식 사람, 사물 순서인
I asked her a question. 문장을 훨씬 더 많이 써요.
단, of를 쓰는 문장이 시험에 잘 나옵니다.

그럼 전치사 to, for, of의 차이점을 정리해 볼게요.

사물 + 전치사 + 사람 순서로 쓸 때!

1) **일반적으로 줄 때는 to**
2) **정성스러운 행동에는 for**
3) **'물어보기'와 관련될 때는 of**

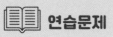

머리에 콕콕

Unit 5.

다음 <보기>에서 알맞은 말을 골라 빈칸을 완성해 보세요.

보기	동사	사물	전치사	사람
▪ for ▪ to ▪ of	give(주다), teach(가르치다), show(보여 주다), lend(빌려 주다), pass(건네다), send(보내다) 등		①_____	
	cook(요리하다), find(찾다), buy(사다), get(얻다), make(만들다) 등	직접 목적어	②_____	간접 목적어
	ask(묻다), inquire(묻다)		③_____	

정답 ① to ② for ③ of

문법 Talk

📶 고딸영문법3   100% 🔋

> 엄마~ 전치사 너무 헷갈려요!

> 일반적으로는 to를 쓰고
> for를 쓰는 동사들이
> 특이하다고 기억하면 돼.

> of는요?

> of는 물어보는
> 동사하고만 써.

➕   😊 #

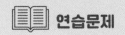

Unit 5.

매일 10문장

[1-4] 다음 두 문장이 같은 뜻이 되도록 빈칸을 완성하세요.

1. He sent Sophia a letter.　　= He sent ＿＿＿＿＿ to ＿＿＿＿＿.

2. I taught them science.　　= I taught ＿＿＿＿＿ to ＿＿＿＿＿.

3. My dad made me breakfast. = My dad made ＿＿＿＿＿ for ＿＿＿＿＿.

4. She didn't give me her phone number.

   = She didn't give ＿＿＿＿＿ to ＿＿＿＿＿.

[5-7] 다음 문장이 3형식인지 4형식인지 쓰세요.

5. The company sent me a magazine.　　　＿＿＿＿＿

6. I passed my grandfather his glasses.　　＿＿＿＿＿

7. He bought some toys for his kids.　　　＿＿＿＿＿

[8-10] 빈칸에 알맞은 전치사를 쓰세요.

8. My dad bought the candle ＿＿＿ me.

9. She gave a drink ＿＿＿ me.

10. She asked some questions ＿＿＿ Mr. Johnson.

[단어]　2. **science** 과학　4. **phone number** 전화번호　5. **magazine** 잡지
　　　6. **pass** 건네주다 **grandfather** 할아버지　7. **kid** 아이　8. **candle** 초

Unit 4 복습 TEST

[복습] 주어진 단어를 바르게 배열하세요.

1. 그녀는 나에게 귀걸이를 사주었다. (earrings / she / bought / me)

　＿＿＿＿＿＿＿＿＿＿＿＿＿＿＿＿＿＿＿＿＿＿＿＿＿

2. 나는 그에게 목도리를 만들어줬다. (made / I / a scarf / him)

　＿＿＿＿＿＿＿＿＿＿＿＿＿＿＿＿＿＿＿＿＿＿＿＿＿

3. 그는 우리에게 그의 컴퓨터를 보여줬다. (his computer / us / showed / he)

　＿＿＿＿＿＿＿＿＿＿＿＿＿＿＿＿＿＿＿＿＿＿＿＿＿

1. 5형식 구조

5형식 열차를 소개합니다!

복잡해 보인다고요?

잘 보면, 3형식과 비슷하게 생겼어요.

3형식과 다른 점은

5형식에 **목적격 보어** 칸이 하나 더 있다는 점이에요.

목적격 보어요? 보어? 어디서 들어봤는데.

우리 앞에서 주격 보어 배웠지~

우리 2형식에서 **주격 보어**는 **주어를 보충해주는 말**이라고 배웠죠?

목적격 보어는 목적어를 보충해주는 말입니다.

We call him a liar. (우리는 그를 거짓말쟁이라고 부른다.)

누가 거짓말쟁이인가요?
우리? 그?
목적어 자리에 있는 그가 거짓말쟁이인 거죠?

그 = 거짓말쟁이

목적격 보어 a liar(거짓말쟁이)가
목적어 him(그를)을 보충해 주니 **목적격 보어**입니다.

우리는 / 부른다 / 그를 / 거짓말쟁이라고

주어와 동사, 목적어와 목적격 보어로 구성된
5형식 문장이에요.

또 다른 예문!

He found the box heavy. (그는 그 상자가 무겁다는 것을 알게 되었다.)

뭐가 무겁죠? 그가? 상자가?
바로 상자가 무겁죠?

상자 = 무거운 상태

heavy(무거운)가 목적어 the box(그 상자)를 보충 설명하고 있으니
목적격 보어입니다.

2형식의 주격 보어가 그렇듯,
목적격 보어 칸에도 주로 **명사**나 **형용사**가 옵니다.

Quiz 1

다음 문장에서 목적격 보어를 찾아 밑줄 그어 보세요.

1) They named him Sam. (그들은 그를 Sam이라고 이름 지었다.)

2) The news made me sad. (그 소식은 나를 슬프게 만들었다.)

1) 누가 Sam이죠? him이 Sam이죠? Sam은 him에 대한 보충 설명을 하는 목적격 보어입니다.
2) 누가 슬프죠? 내가 슬프죠. me는 목적어, sad는 me에 대한 보충 설명을 하는 목적격 보어입니다.   정답 1) Sam 2) sad

2. 4형식과 5형식의 차이점

4형식과 5형식의 차이는 뭘까요? 다음 두 문장을 비교해 볼게요.

> **1) She made me a poet.** (그녀는 나를 시인으로 만들었다.)
>
> **2) She made me a sandwich.** (그녀는 나에게 샌드위치를 만들어 줬다.)

얼핏 보면 같은 문장 구조로 보이지만, 비교해 보면 형식이 달라요.

> **1) She made me a poet.**

누가 시인이 되었나요? 내가 시인이 되었죠.

나 = 시인

목적어와 **목적격 보어**의 동등한 관계가 성립하니 5형식 문장!

> **2) She made me a sandwich.**

동사 made 다음에 사람(간접 목적어) me
사물(직접 목적어) a sandwich가 나왔죠?
'~에게 ~을 주다' 상황이 성립하니 **4형식**이에요.

4형식은 5형식처럼
목적어와 목적격 보어의 동등한 관계가 성립되지 않는다는 것도 확인하세요.

나 ≠ 샌드위치

'나의 상태가 샌드위치(?)' 말이 되지 않죠.

이처럼 얼핏 보면 같아 보이는 문장이라도,
동사의 뜻과 문맥에 따라 문장의 형식은 달라질 수 있답니다.

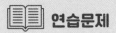

머리에 콕콕

Unit 6.

다음 <보기>에서 알맞은 말을 골라 빈칸을 완성해 보세요.

보기	개념	특징	예문
▪ ~에게 ▪ 목적어 ▪ 목적격 보어	5형식	주어 + 동사 + 목적어 + ① _____	We call him a liar. (우리는 그를 거짓말쟁이라고 부른다.)
		목적격 보어: 목적어를 보충하는 말	
	4형식 vs 5형식	4형식: ② _____ ~을 주다	She made me a sandwich. (그녀는 나에게 샌드위치를 만들어 줬다.)
		5형식: ③ _____ 와 목적격 보어의 동등한 관계	She made me a poet. (그녀는 나를 시인으로 만들었다.)

정답 ① 목적격 보어 ② ~에게 ③ 목적어

문법 Talk

매일 10문장

Unit 6.

[1-3] 다음 밑줄 친 부분이 주격 보어인지, 목적격 보어인지 쓰세요.

1. The sky is <u>clear</u>. _____

2. I found the answer <u>strange</u>. _____

3. My parents named the dog <u>Chloe</u>. _____

[4-6] 다음 문장이 4형식인지 5형식인지 고르세요.

4. I made her some salad. [4형식, 5형식]

5. They keep us safe. [4형식, 5형식]

6. The teacher made them quiet. [4형식, 5형식]

[7-10] 다음 우리말에 알맞도록 주어진 단어를 바르게 배열하세요.

7. 나는 그녀를 훌륭한 예술가라고 생각한다. (a great artist / her / consider / I)

_____

8. 스마트폰은 삶을 더 쉽게 만든다. (make / life / smart phones / easier)

_____

9. 소년들은 교실을 더럽게 남겨뒀다. (dirty / the boys / the classroom / left)

_____

10. 그는 의자가 편안하다는 것을 알게 되었다. (the chair / comfortable / he / found)

_____

[단어] 1. **clear** 맑은 2. **answer** 정답 **strange** 이상한 3. **name** 이름을 지어주다 5. **safe** 안전한 6. **quiet** 조용한
7. **artist** 예술가 9. **classroom** 교실 10. **comfortable** 편한, 편안한

[복습] 주어진 단어를 바르게 배열하여 3형식 문장을 완성하세요.

1. 나는 그들에게 과학을 가르쳤다. (to / taught / science / I / them)

_____

2. 나의 아빠가 나를 위해 아침 식사를 만들어 주셨다. (made / for / my dad / breakfast / me)

_____

3. 그녀는 나에게 음료를 주었다. (to / gave / she / a drink / me)

_____

1. 5형식에서 to부정사

5형식 구조에서
목적격 보어 칸에 **동사**가 들어갈 수도 있어요.
단! '동사 칸'의 동사에게 허락을 받아야 합니다.

동사 칸의
허락을 왜 받아요?

원래 영어에서는
동사 칸에 동사를
쓰는 게 원칙이거든.

자, 우리 지금까지 배운 1형식에서 5형식 문장을
다시 한번 살펴볼까요?

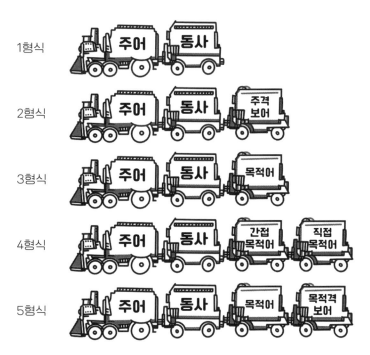

모두 '주어 칸' 옆에 '동사 칸'이 딱 한 개 있죠.
동사를 '동사 칸'이 아닌 **다른 칸에 쓸 경우**에는
원래 '동사 칸'에 있는 동사에게 물어봐야 해요~

동사 칸에 있는 동사가 허락을 해주는데요. 단, 조건이 있대요!

동사 칸에 쓰는 동사와 다르다는 티를 내기 위해
동사 앞에 to를 달고 오라고 해요.

동사 앞에 to가 붙으면? 그 형태를 **to부정사**라고 합니다.

---

to + 동사원형 → to부정사

---

to부정사 뭔가 이름이 어렵죠?

아닐 부   정할 정

'동사 칸'에서 동사 역할을 하지 않고
다른 곳에 to를 붙이고 쓰기 때문에 **to부정사**라고 해요.

to부정사 용법은 4권에서 보다 자세히 다룰게요.
일단 to가 동사원형과 쓰면 to부정사라고 생각하세요.

예문을 볼게요.

동사 칸 동사

I <u>want</u> you to do your homework.

(나는 네가 숙제 하기를 원해.)

문장에 '원하다'라는 동사가 있죠?
do라는 동사를 또 쓰고 싶을 때는 want에게 물어봅니다.

do: 동사 칸에 있는 want야. 나 여기에 와도 될까?

want: 그래! 대신 to를 달고 오렴~

want가 to를 달고 오라고 해서 to do로 썼어요.

문장 열차로 확인해 볼까요?

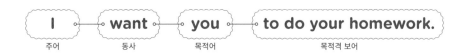

| I | want | you | to do your homework. |
| 주어 | 동사 | 목적어 | 목적격 보어 |

나는 / 원한다 / 네가 / 너의 숙제를 하기를

누가 숙제를 해요? 내가? 아니죠! 네가!

네가 숙제를 하다.

'숙제를 하는' 대상이 **목적어 you**이기 때문에
to do your homework가 통째로 목적어를 보충 설명하는 **목적격 보어**가 되는 거예요.

또 다른 예문

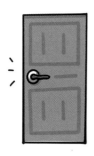

동사 칸 동사

I <u>asked</u> Lucy to close the door.
(나는 루시에게 문을 닫아 달라고 요청했어.)

동사 칸에 asked '요청했다'라는 동사가 이미 있어요.
뒤에 close라는 동사를 또 쓸 때 asked한테 물어봅니다.

close: 동사 칸에 있는 asked야. 나 여기에 와도 될까?

asked: 그래! 대신 to를 달고 오렴~

I	asked	Lucy	to close the door.
주어	동사	목적어	목적격 보어

나는 / 요청했다 / 루시에게 / 문을 닫아 달라고

문을 닫는 대상이 루시이죠?
Lucy와 to close the door가
목적어와 목적격 보어의 관계가 되는 거예요.

Quiz 1

다음 빈칸에 알맞은 것을 고르세요.

He wants me _____ Ellen. (그는 내가 엘렌을 방문하기를 원한다.)

① visit ② to visit

want 다음에 동사를 또 쓸 때는 to부정사를 써야 합니다. 목적어에 있는 내가 엘렌을 방문하기 때문에 목적어와 목적격 보어의 관계가 성립합니다.

정답 ②

아무 동사나 5형식 구조를 허락하지 않아요.
보통 다음 동사들이 5형식 구조에서 to부정사와 함께 씁니다.

외우지 말고 생각해보세요.
이 동사들은 '**앞으로**' 무엇을 하기를 **원하고, 요청하고, 기대하고, 충고하고, 말하는 거죠?**

to부정사의 to는 **미래 느낌**을 가지는데요.
그래서 이 동사들과 잘 어울려요.

미래 느낌 to

I want her to come home early.

(나는 그녀가 집에 일찍 오기를 원한다.)

I asked her to come home early.

(나는 그녀에게 집에 일찍 오기를 요청했다.)

I told her to come home early.

(나는 그녀에게 집에 일찍 오라고 말했다.)

모두 **앞으로** 그녀가 일찍 오는 것에 대해 이야기하기 때문에
미래 뉘앙스를 풍기는 to부정사와 같이 썼어요.

3. 5형식 문장 해석 & 영작

엄마~ 5형식에
to부정사까지 있으니
문장이 너무 길어서
복잡해요.

주어, 동사부터
해석한 후 목적어와
목적격 보어를
해석하면 돼.

1) 5형식 문장을 해석할 때

5형식 문장이 복잡해 보일 때는

(주어 + 동사) + (목적어 + 목적격 보어) 로 나눠서 보면 훨씬 간단해집니다.

예를 들어

> **We expected him to answer the question.**

문장이 길죠? 당황하지 말고 주어, 동사부터 해석합니다.

주어 + 동사 ──── 목적어 + 목적격 보어

We / expected **him / to answer the question.**

(우리는 기대한다) (그가 그 질문에 답을 할 거라고)

이렇게 차근차근 해석하면 됩니다.

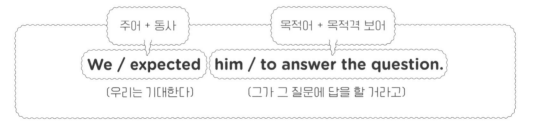

Quiz 2

다음 문장을 해석하세요.

She doesn't allow her kids to watch TV.

= _____

주어 She와 동사 doesn't allow부터 해석합니다. 이어서
목적어 her kids와 목적격 보어 to watch TV를 해석합니다.　정답 그녀는 허락하지 않는다 / 그녀의 아이들이 TV 보는 것을

2) 5형식 문장을 영작할 때

5형식 문장을 영작할 때는 '~은/는'에 해당하는 **주어**와
'~다'에 해당하는 **동사**부터 쓰고,
뒤에 목적격, 목적격 보어를 쓰면 됩니다.

예를 들어,

나는 그녀에게 비행기를 그려달라고 요청했다.

어떻게 영어로 만들까요? 딱 봐도 문장이 매우 길죠?
먼저, '~는'으로 끝나는 **주어**와 맨 끝에 '~다'로 끝나는 **동사**를 찾아서 씁니다.

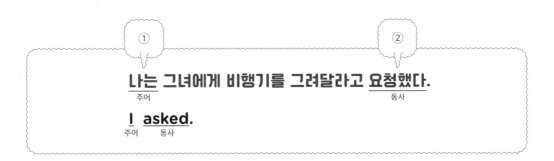

그리고 나서 나머지 단어인 목적어 '그녀에게'를 쓰고
목적격 보어로 '비행기를 그려달라고'를 쓰면 됩니다.

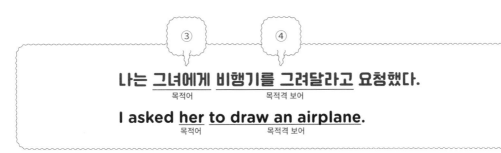

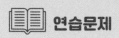 **연습문제**

Unit 7.

머리에 콕콕

다음 <보기>에서 알맞은 말을 골라 빈칸을 완성해 보세요.

보기	5형식에서 to부정사	want(원하다), ①_____(허용하다), ②_____(요청하다), expect(기대하다), advise(충고하다), tell(말하다) 등	목적어	to부정사
▪ ask ▪ to ▪ allow	예문	I want you to do your homework. (나는 네가 숙제하기를 원한다.) I asked Lucy ③_____ close the door. (나는 루시에게 문을 닫아 달라고 요청했다.)		

정답 ① allow ② ask ③ to

문법 Talk

ᴸᴸᴸ 고딸영문법3   100% 🔋

?🙋 엄마~ 복잡하게 to부정사는 왜 써요?

동사 칸이 아닌 곳에 동사를 쓸 때 to부정사를 써. 🙎

🙍 너무 어려워요.

want / allow / ask + 목적어 + to부정사 이렇게 하나의 패턴으로 기억하고 예문을 많이 만들어봐야 해. 🙎

🙍 힝힝 ㅠㅠ 어서 문제 풀어볼게요.

⊕ [_____ 😊 #]

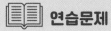

Unit 7.

매일 10문장

[1-3] 다음 문장에서 목적격 보어에 밑줄 그으세요.

1. Ben asked her to help him.
2. She wants Tim to feed the dog.
3. My dad allowed me to use his car.

[4-6] 다음 중 어법상 알맞은 것을 고르세요.

4. I expect him (arrive / to arrive) at 7.
5. He wants his daughter (be / to be) a teacher.
6. She told the students (stand / to stand) up.

[7-10] 다음 우리말에 알맞도록 주어진 단어를 바르게 배열하세요.

7. 그 의사는 그녀에게 야채를 더 먹으라고 충고했다
   (her / the doctor / to eat more vegetables / advised)
   _____

8. 그들은 그에게 그의 경험을 공유해달라고 요청했다.
   (to share his experience / asked / they / him)
   _____

9. 나는 테일러 씨가 그 질문에 답을 할 거라고 기대한다.
   (Mr. Taylor / I / to answer the question / expect)
   _____

10. 우리 미술관은 방문객이 미술품을 만지는 것을 허용하지 않는다.
    (visitors / doesn't allow / our gallery / to touch the art)
    _____

[단어] 2. **feed** 먹이를 주다 5. **daughter** 딸 7. **vegetable** 야채 8. **share** 공유하다
10. **visitor** 방문객 **gallery** 미술관 **art** 미술품

[복습] 주어진 단어를 바르게 배열하세요.

1. 나는 그 답이 이상하다는 것을 발견했다. (the answer / found / I / strange)
   _____

2. 선생님은 그들을 조용하게 했다. (them / the teacher / quiet / made)
   _____

3. 소년들은 교실을 더럽게 남겨뒀다. (left / the boys / dirty / the classroom)
   _____

Unit 6 복습 TEST

1. 5형식 사역동사

우리 앞에서 목적격 보어에
to부정사를 쓰는 패턴을 공부했는데요.
이번 유닛에서는 성격이 특이한 동사 그룹을 소개할게요.

동사 칸에 **have, make, let**이 있으면
목적격 보어에 동사를 또 쓸 때
to를 붙일 필요 없이 그냥 **동사원형**을 쓰면 됩니다.

to부정사가 아니라
동사원형을 좋아하는 동사는 딱 3가지
have, make, let이 있어요.

have	**(책임지고) ~하게 하다**
make	**(강제로) ~하게 만들다**
let	**~하도록 허락하다**

have는 보통 책임, make는 강제성, let은 허락의 의미가 있는데요.

세 가지 동사의 공통점은
남에게 무언가를 하게 만들거나 시키는 동사라는 것!
따라서 **사역동사**라고 합니다.

부릴 사　　　부릴 역

한자 뜻을 보니 한 마디로 '부려먹는 동사'죠?

하라면 해!

> **부려먹는 동사 ➡ 사역동사**
> **have, make, let**

Quiz 1

다음 중 have가 사역동사로 쓴 것을 고르세요.

① **I have a dog.** (나는 개 한 마리를 가지고 있다.)

② **I had him fix my computer.** (나는 그에게 나의 컴퓨터를 고치게 했다.)

① have가 '가지다'라는 뜻으로 쓸 때는 사역동사가 아닙니다.
②처럼 '(남에게)~하게 하다'로 쓸 때만 사역동사라고 해요.

정답 ②

그럼 예문!

사역동사

I had him wash the dishes.

(나는 그에게 설거지를 하게 했다.)

동사 칸에 동사 had가 있고
또 동사 wash를 쓰는 상황이죠?

wash: 동사 칸에 있는 had야. 나 여기에 와도 될까?

had: 물론이지, 난 쿨한 사역동사야. 그냥 동사원형 써!

사역동사 다음에 동사를 또 쓰는 구조이기 때문에
동사원형으로 wash라고 쓰면 됩니다.

I	had	him	wash the dishes.
주어	동사	목적어	목적격 보어

나는 / 하게 했다 / 그가 / 설거지를

누가 설거지를 해요? 내가? 아니죠! 그가!

그가 설거지를 하다.

목적어와 목적격 보어의 동등한 관계가 성립하니 5형식 문장이에요.

또 다른 예문!

사역동사

I let my brother wear my hat.

(나는 남동생에게 내 모자를 쓰는 것을 허락했다.)

동사 칸에 동사 let이 있고
다른 곳에 동사 wear를 쓰는 상황.

wear: 동사 칸에 있는 let아. 나 여기에 와도 될까?

let: 물론이지, 난 쿨한 사역동사야. 그냥 동사원형 써!

누가 모자를 쓰죠? 목적어 칸에 있는 my brother죠?
따라서 wear my hat이 통째로 목적격 보어입니다.

나의 동생이 나의 모자를 쓰다.

목적어와 목적격 보어의 동등한 관계가 성립하니 5형식 문장!

Quiz 2

다음 중 빈칸에 알맞은 것을 고르세요.

She made me _____ off my phone.

(그녀는 내가 나의 폰을 끄게 만들었다.)

① turn   ② to turn

여기서 동사 made는 '~하게 만들었다'는 뜻으로 사역동사이며 다음에 동사를 또 쓸 때는 동사원형으로 씁니다.   정답 ①

Unit 8.

머리에 콕콕

다음 <보기>에서 알맞은 말을 골라 빈칸을 완성해 보세요.

보기	5형식 사역동사	①_____ : (책임지고) ~하게 하다 ②_____ : (강제로) ~하게 만들다 ③_____ : ~하도록 허락하다	목적어	동사원형
• make • let • have	예문	I had him fix my computer. (나는 그에게 나의 컴퓨터를 고치게 했다.)		

정답 ① have ② make ③ let

문법 Talk

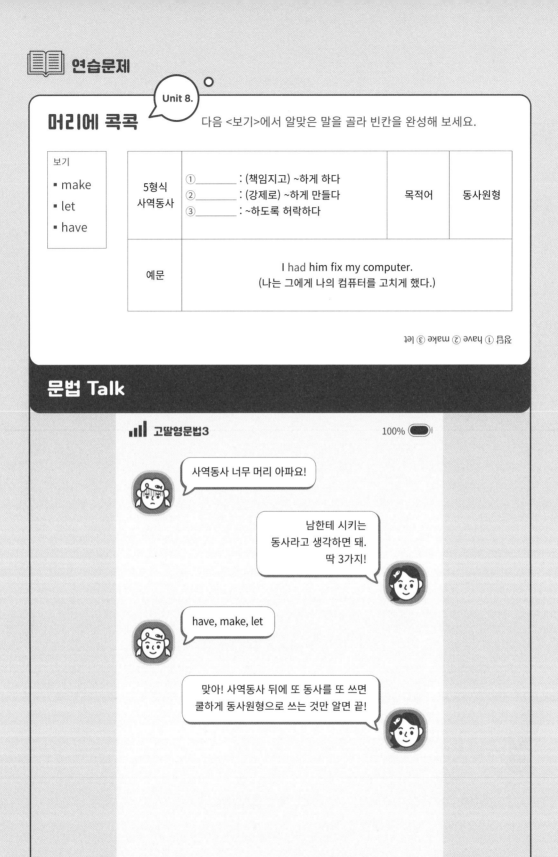

📶 고딸영문법3   100% 🔋

사역동사 너무 머리 아파요!

남한테 시키는
동사라고 생각하면 돼.
딱 3가지!

have, make, let

맞아! 사역동사 뒤에 또 동사를 또 쓰면
쿨하게 동사원형으로 쓰는 것만 알면 끝!

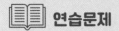

매일 10문장

Unit 8.

[1-3] 다음 문장에서 목적격 보어에 밑줄 그으세요.

1. He made me cry.

2. She had Jack catch the bugs.

3. Emily let him explain the reason.

[4-7] 다음 중 어법상 알맞은 말을 고르세요.

4. She told him (clean / to clean) the floor.

5. He asked her (open / to open) the box.

6. I had Amy (check / to check) the document.

7. They let me (go / to go) to the amusement park.

[8-10] 다음 우리말에 알맞도록 주어진 단어를 바르게 배열하세요.

8. 그는 나에게 역사 수업을 듣게 했다. (made / me / take the history class / he)

   _____

9. 루이스씨는 학생들에게 에세이를 쓰게 했다. (write an essay / the students / had / Ms. Lewis)

   _____

10. 그녀는 그녀의 학생들에게 책을 고르게 했다. (her students / choose a book / she / let)

    _____

[단어] 2. **catch** 잡다 **bug** 벌레 3. **explain** 설명하다 **reason** 이유 4. **floor** 바닥 6. **check** 확인하다 **document** 서류
7. **amusement park** 놀이공원 8. **history** 역사 9. **essay** 에세이 10. **choose** 고르다

Unit 7 복습 TEST

[복습] 주어진 단어를 바르게 배열하세요.

1. 벤은 그에게 그를 도와 달라고 요청했다. (asked / Ben / her / to help him)

   _____

2. 나는 그가 7시에 도착할 것이라고 예상한다. (to arrive at 7 / expect / I / him)

   _____

3. 그녀는 학생들에게 일어서라고 말했다. (the students / she / told / to stand up)

   _____

1. 5형식 지각동사

사역동사처럼 5형식 구조에서
특이한 동사 그룹이 하나 더 있어요.
보고, 듣고, 맡고, 느끼는 동사 그룹이에요!

지각동사

see(보다)   watch(지켜보다)   hear(듣다)

smell(맡다)   feel(느끼다) 등등

혁. 엄마 누가
지각했어요?

그 지각이
아니야 ㅋㅋㅋ

知覺

알 지   깨달을 각

어떤 대상이 무엇을 하는지 감각기관을 통해 묘사하는 동사들을
지각동사라고 합니다.

지각동사 다음에 목적격 보어 칸에 동사를 또 쓸 때는
동사원형이나 **동사ing**를 씁니다.

주어 + 지각동사 + 목적어 + 동사원형/동사ing

예문을 볼게요.

지각동사

I <u>saw</u> him break the window.

(나는 그가 창문을 깬 것을 보았다.)

동사 칸에 saw라는 **지각동사**가 있죠?
다음에 또 동사를 쓸 때는 **동사원형**이 와야 하므로 break를 썼어요.

break: 동사 칸에 있는 saw야. 나 여기에 와도 될까?

saw: 물론이지, 난 지각동사야. 동사원형이나 동사ing를 좋아해.

누가 창문을 깼죠? 목적어에 있는 그가 깬 거죠?

그가 창문을 깨다.

목적어와 목적격 보어의 동등한 관계가 성립하니 5형식 문장입니다.

또 다른 예문!

지각동사

I <u>heard</u> her singing. (나는 그녀가 노래 부르고 있는 것을 들었다.)

동사 칸에 heard라는 지각동사가 있죠?
sing이라는 동사를 또 써야 해서 ing를 붙였어요.

누가 노래 부르고 있죠? 그녀이죠?

그녀는 노래 부르고 있는 중이었다.

목적어와 목적격 보어의 동등한 관계가 성립하니 5형식 문장입니다.

엄마, 언제
동사원형 쓰고
언제 동사에
ing를 붙여요?

?!

동작을
생생하게 묘사할 때
ing를 붙여.

지각동사 다음에는 **동사원형** 또는 **동사ing** 둘 다 가능한데요.

주로 동작을 처음부터 끝까지 목격하면 **동사원형**을 쓰고
동작이 일어나고 있는 도중에 목격하고
이를 **생생하게 묘사할 때**는 ing를 붙여요.

하지만 이 둘의 차이를 구분하는 것은 고급 문법이에요.
기초 단계에서는 느낌만 기억하면 됩니다.

Quiz 1

다음 중 빈칸에 알맞은 것을 고르세요.

I saw them _____ .

(나는 그들이 춤추고 있는 것을 보았다.)

① to dance　② dancing

지각동사 saw 다음에 동사를 또 쓸 때는 동사원형이나 동사ing를 씁니다. 춤추고 있는 상황을
생생하게 묘사하기 위해 동사 dance에 ing를 붙였어요.

정답 ②

2. 목적격 보어에 동사를 쓸 때 형태

그럼 지금까지 공부한 내용 정리해 볼게요.

5형식 구조에서 목적격 보어에
동사를 써야 한다면 주로 3가지 형태로 쓴다고 했어요.

1) **주어 + 동사 + 목적어 + to부정사**
2) **주어 + 사역동사 + 목적어 + 동사원형**
3) **주어 + 지각동사 + 목적어 + 동사원형/동사ing**

일반적으로 want(원하다), allow(허용하다) 이런 동사들은
to부정사를 좋아하고요.

사역동사 have(~하게 하다), make(~하게 만들다), let(~하도록 허락하다)는 동사원형하고 씁니다.

지각동사 see(보다), watch(지켜보다), hear(듣다) 등은
동사원형 또는 동사ing 형태하고 써요.

Q. 감각동사와 지각동사 둘 다 똑 같은 거 아닌가요?

감각동사와 지각동사 모두 눈, 코, 입, 귀, 피부와 같은 감각기관과 관련된 동사인 건 맞아요.

Q. 차이점은요?

1) **감각동사**는 '어떤 느낌이 들어?'에 답이 되는 문장 구조에 쓰인 동사를 의미해요.
look(~해 보인다), smell(~한 냄새가 나다), taste(~한 맛이 나다), feel(~한 느낌이 나다)
감각동사 다음에는 **형용사**를 씁니다.

[2형식] 주어 + 감각동사 + 형용사

This scarf feels soft.
(이 스카프는 부드러운 느낌이 난다).

---

2) **지각동사**는 단순히 느끼는 것이 아니라, '누가 뭘 해?'에 대한 답이 되는
문장 구조에 쓰인 동사를 지칭합니다.
see(보다), watch(지켜보다), hear(듣다), feel(느끼다)

[5형식] 주어 + 지각동사 + 목적어 + 동사원형/동사ing

I felt my house shake.
(나는 나의 집이 흔들리는 것을 느꼈다.)

---

feel이 **'~한 느낌이 난다'** 라는 뜻으로 형용사와 쓰면 **감각동사**,
'(누가/무엇인가 뭘 하는 것을) **느끼다**'라는 뜻으로 쓰면 **지각동사**가 됩니다.

머리에 콕콕

Unit 9.

다음 <보기>에서 알맞은 말을 골라 빈칸을 완성해 보세요.

보기 ▪ smell ▪ 동사원형 ▪ hear	5형식 지각동사	see(보다), watch(지켜보다), ① _____ (듣다), ② _____ (맡다), feel(느끼다)	목적어	③ _____ / 동사ing
	예문	I saw him break the vase. (나는 그가 꽃병을 깬 것을 보았다.)		

정답 ① hear ② smell ③ 동사원형

문법 Talk

📶 고딸영문법3   100% 🔋

스텔라~ 지각동사는 뭐지?

보고, 듣고, 맡고, 느끼는 동사요~
그런데 지각동사를 왜 알아야 해요?

문장 패턴이 특이 하거든~
지각동사 다음에 동사를 또 쓸 때
그냥 동사원형을 쓰거나 동사ing 써.

아하 ㅠㅠ 지각동사
까다롭네요 ㅠㅠ

➕ [   ] 😊 #

연습문제

매일 10문장 Unit 9.

[1-4] 다음 중 어법상 알맞은 것을 고르세요.

1. I saw him (selling / to sell) flowers.

2. I heard Carol (arrive / to arrive) home.

3. She watched him (take / to take) the bus.

4. They smelled something (to burn / burning).

[5-7] 다음 우리말에 알맞도록 주어진 단어를 바르게 배열하세요.

5. 글렌은 소녀들이 농구하는 것을 보았다. (saw / the girls / playing basketball / Glen)

   _____

6. 나는 그가 통화하는 것을 들었다. (talking on the phone / him / I / heard)

   _____

7. 그녀는 그녀의 다리가 떨리는 것을 느꼈다. (her legs / shaking / felt / she)

   _____

[8-10] 다음 중 <보기>에서 알맞은 말을 골라 빈칸을 완성하세요.

8. They heard a train _____.

9. I asked the clerk _____ the gift.

10. He had me _____ the parcel.

> 보기
>
> ▪ to wrap ▪ bring ▪ coming

[단어] 4. **burn** (불에) 타다 6. **talk on the phone** 통화하다 9. **clerk** 점원 **wrap** 포장하다
   10. **bring** 가지고 오다 **parcel** 소포

[복습] 주어진 단어를 바르게 배열하세요.

1. 그는 나를 울게 했다. (made / he / cry / me)

   _____

2. 그녀는 잭에게 벌레를 잡게 했다. (catch the bugs / she / Jack / had)

   _____

3. 그녀는 그녀의 학생들에게 책을 고르게 했다. (choose a book / let / she / her students)

   _____

Unit 8 복습 TEST

1. 5형식 정리

우리가 지금까지 공부한 1형식부터 5형식을 한눈에 정리해 볼게요.

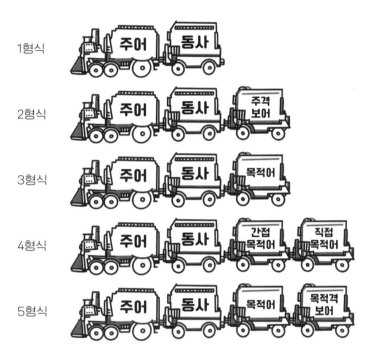

어때요? 처음 봤을 때 보다 조금 더 친숙해졌죠?

1형식은 주어와 동사로만 되어 있고,
2형식의 주격 보어는 주어를 보충해 주는 말.
3형식의 목적어는 '을/를'
4형식은 '~에게 ~을 주다'의 패턴
5형식의 목적격 보어는 목적어를 보충하는 말.

5형식에서 목적격 보어에 동사가 탑승할 때는 **일반적으로 to**를 붙이지만
동사 칸에 **사역동사**가 있으면 **동사원형**으로 쓰고
지각동사가 있으면 **동사원형 또는 동사ing** 형태로 쓴다고 했어요.

이 구조를 이용해서 영작 연습을 하면
영어 어순에 금방 익숙해질 수 있어요.

영작 연습!

---

1)

이 컴퓨터는 새것이다.

(is / this computer / new)

_____

주어 This computer부터 쓰고 동사 is를 쓰면 되겠죠?
new는 주어 this computer를 보충하는
주격 보어라서 2형식 문장이에요.

This computer is new.

---

2)

그들은 나에게 치킨을 요리해 줬다.

(me / cooked / they / some chicken)

_____

'~에게 ~을 요리해 주다' 4형식 구조이죠?
주어, 동사를 쓰고 사람(간접목적어), 사물(직접목적어)
순서로 쓰면 끝!

They cooked me some chicken.

---

3)

나는 그들이 테니스 치고 있는 것을 봤다.

(them / saw / playing tennis / I)

_____

주어 I를 쓰고 동사 saw를 쓴 다음에
목적어 them과 목적격 보어 playing tennis를 씁니다.
5형식이에요.

I saw them playing tennis.

5형식을 알면 자동사와 타동사의 개념도 이해할 수 있어요.

여러분은
혼자 있는 것을 좋아하나요?
타인과 함께 있는 것을 좋아하나요?

VS

성향 따라 다르겠죠?
동사도 마찬가지랍니다.

혼자 있는 것을 좋아하는 동사도 있고요.
타인과 함께 있는 걸 좋아하는 동사도 있답니다.

이런 동사들의 성향에 따라 이름을 붙였는데요.

혼자 있는 것을 좋아하는 동사
자동사

VS

타인과 함께 있는 것을 좋아하는 동사
타동사

자기 혼자 있는 것을 좋아하는 동사를 **자동사**
타인과 함께 있는 것을 좋아하는 동사를 **타동사**라고 해요.

자, 그럼 도대체 '타인'은 누굴 의미하는 걸까요?
바로! 동사의 행동을 받아 줄 대상! 즉 목적어를 의미합니다.

동사에게 타인 → 목적어

목적어 필요 없이 스스로 있으면 **자동사**
목적어가 필요하면 **타동사**

우리가 배웠던 1-5형식 문장의 동사를
자동사와 타동사로 구분해 볼까요?

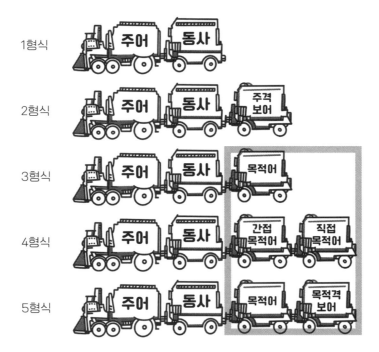

힌트! 목적어가 없으면 자동사, 목적어가 있으면 타동사!

1,2형식 동사는 목적어가 없으니까 **자동사**가 되고
3,4,5형식은 동사는 목적어가 있으니까 **타동사**가 됩니다.

예문을 봅시다!

> # The train arrives at 3.
>
> (그 기차는 3시에 도착한다.)

arrive는 자동사일까요? 타동사일까요?

arrive 다음에 '을/를'에 해당하는 목적어가 없죠? 그러니까 **자동사!**

at 3는 전치사구로 수식어예요.

> **주어 The train**(그 기차는) **+ 동사 arrives**(도착한다)

1형식 구조가 보이면 성공이에요.

Quiz 1

다음 문장의 동사가 자동사인지 타동사인지 쓰세요.

1) **She <u>ate</u> an orange.** _____

2) **He <u>looks</u> happy.** _____

3) **My back <u>hurts</u>.** _____

4) **He <u>gave</u> me a camera.** _____

1) 그녀는 오렌지를 한 개 먹었다. '을/를' 목적어가 있는 3형식 문장입니다. 목적어가 있으므로 타동사입니다. 2) 그는 행복해 보인다. '~해 보인다' 감각동사 다음에 주격 보어로 형용사를 쓴 2형식 문장입니다. 목적어가 없으므로 자동사입니다. 3) 나의 등이 아프다. 주어(나의 등이)와 동사(아프다)로 된 1형식 문장입니다. 4) 그는 나에게 카메라를 줬다. '~에게 ~을 주다' 4형식 구조입니다. me는 간접 목적어, a camera는 직접 목적어로 목적어를 2개 취하는 타동사입니다.

정답 1) 타동사 2) 자동사 3) 자동사 4) 타동사

그럼 조금 더 어려운 문제!

다음 밑줄 친 동사는 자동사일까요? 타동사일까요?

1) **She <u>opened</u> the door.**

(그녀는 문을 열었다.)

2) **The shop <u>opens</u> at 9.**

(그 가게는 9시에 연다.)

두 문장에 모두 똑같이 open이라는 동사를 썼는데요.
1) **open**은 목적어 the door와 함께 쓴 **타동사**
2) **open**은 **자동사**입니다.

open처럼 많은 동사들이 문맥에 따라 자동사가 되기도 하고, 타동사가 되기도 해요.

헉…
어려워요 ㅠㅠ

걱정 마. 헷갈릴 땐
사전이 있어!

헷갈릴 때는 사전을 찾아보면 됩니다.
예를 들어, open 이란 단어를 찾아볼게요.

Dictionary

open

[타동사] (문뚜껑 등을) 열다, 벌리다
[자동사] 열리다, 개점하다

open은 자동사, 타동사 둘 다 가능하니 의도에 맞게 쓰면 됩니다.

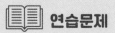
머리에 콕콕

Unit 10.

다음 <보기>에서 알맞은 말을 골라 빈칸을 완성해 보세요.

보기
▪ 목적어
▪ 목적격 보어
▪ 자동사
▪ 타동사

형식	구조	동사
1형식	주어 + 동사	자동사
2형식	주어 + 동사 + 주격 보어	①_____
3형식	주어 + 동사 + ②_____	타동사
4형식	주어 + 동사 + 간접 목적어 + 직접 목적어	③_____
5형식	주어 + 동사 + 목적어 + ④_____	타동사

정답 ① 자동사 ② 목적어 ③ 타동사 ④ 목적격 보어

문법 Talk

연습문제

매일 10문장

[1-7] 다음 우리말에 알맞도록 주어진 단어를 바르게 배열한 후 문장 형식을 쓰세요.

1. 나는 슬프다. (sad / I'm)

_____   _____

2. 그녀는 여기에 산다. (here / she / lives)

_____   _____

3. 이곳은 위험하다. (is / this place / dangerous)

_____   _____

4. 나는 그에게 자전거를 사주었다. (bought / I / a bike / him)

_____   _____

5. 그는 그녀에게 방을 청소하게 했다. (her / clean the room / had / he)

_____   _____

6. 나는 피자 한 판을 주문했다. (a pizza / ordered / I)

_____   _____

7. 그녀는 내가 요리하기를 원한다. (wants / to cook / she / me)

_____   _____

[8-10] 다음 밑줄 친 동사가 자동사인지 타동사인지 쓰세요.

8. He <u>made</u> this table.   _____

9. They <u>look</u> happy.   _____

10. I'll <u>return</u> the books.   _____

[단어] 3. **place** 장소, 곳 **dangerous** 위험한 6. **order** 주문하다 10. **return** 반납하다

[복습] 주어진 단어를 바르게 배열하세요.

1. 나는 그가 꽃을 팔고 있는 것을 보았다. (saw / I / selling flowers / him)

_____

2. 그녀는 그녀의 다리가 떨리는 것을 느꼈다. (felt / her legs / shaking / she)

_____

3. 그들은 기차가 오는 것을 들었다. (coming / heard / a train / they)

_____

Unit 11. 종합 TEST

A. 다음 문제를 풀어 보세요.

[1-2] 다음 중 문장 형식이 <u>다른</u> 하나를 고르세요.

1

① He is crying.

② I like summer.

③ I walk to school.

④ The cat died last night.

2

① He became a teacher.

② She made me a scarf.

③ My pants turned white.

④ This question is difficult.

3 다음 밑줄 친 부분이 <u>잘못된</u> 것을 고르세요.

① The coat feels <u>softly</u>.

② He looks <u>sad</u> today.

③ The soup looks <u>hot</u>.

④ This fish tastes <u>good</u>.

4 다음 중 빈칸에 들어갈 수 <u>없는</u> 것을 고르세요.

> She _____ me to close
> the door.

① asked   ② told

③ wanted   ④ made

[5-6] 다음 중 <보기>의 우리말을 영어로 바르게 옮긴 것을 고르세요.

5

> <보기> 그는 그녀에게 펜을 줬다.

① He gave a pen her.

② He gave her a pen.

③ He gave she a pen.

④ He gave a pen she.

6

> <보기> 그녀는 내가 그 컴퓨터를
> 사용하는 것을 허락하지 않았다.

① She didn't let me uses the computer.

② She didn't let me use the computer.

③ She didn't let me using the computer.

④ She didn't let me to use the computer

[7-8] 다음 밑줄 친 부분을 바르게 고쳐 문장을 다시 쓰세요.

7 He looks <u>angrily</u>.

_____

8 My uncle bought a doll <u>to</u> me.

_____

[9-10] 다음 중 올바른 것을 고르세요.

9 I saw them (to play / playing) table tennis.

10 I had him (to fix / fix) the bike.

85

B. 다음 우리말에 알맞도록 주어진 단어를 바르게 배열한 후 문장 형식을 쓰세요.

1 나는 일찍 잤다. (early / I / slept)

_____   _____

2 그의 머리는 회색으로 변했다. (turned / his hair / gray)

_____   _____

3 이 수건은 좋은 냄새가 난다. (this towel / good / smells)

_____   _____

4 나의 삼촌은 그의 차를 팔았다. (sold / my uncle / his car)

_____   _____

5 나는 그녀에게 크리스마스 선물을 보낼 것이다. (will / I / send / a Christmas gift / her)

_____   _____

6 나의 아빠는 나를 위해 초를 사주셨다. (bought / for / me / my dad / the candle)

_____   _____

7 그들은 우리를 안전하게 한다. (keep / they / safe / us)

_____   _____

8 그는 그의 딸이 선생님이 되기를 원한다. (wants / to / be a teacher / he / his daughter)

_____   _____

9 그들은 나에게 놀이공원에 가는 걸 허락한다. (go to the amusement park / they / let / me)

_____   _____

10 그녀는 그가 버스타는 것을 봤다. (take the bus / him / she / watched)

_____   _____

문장의 5형식 공부 끝! 이제 영어 시제에 대해 살펴볼게요.

현재, 과거, 미래가 아닌 현재완료는 무엇일까요?

기본 시제 개념이 헷갈리시는 분들은 2권 Unit1부터 13까지 복습하고 오세요.

1. 현재완료 개념

현재, 과거, 미래 세 가지의 시제로 설명이 되지 않는
현재완료시제에 대해 공부해 볼게요!
먼저, 다음 세 문장을 비교해 봅시다.

1) 나는 서울에 산다.
2) 나는 서울에 살았다.
3) 나는 10년 동안 서울에 계속 살아왔다.

비슷하게 생겼지만 잘 보면 의미가 달라요!

1) 나는 서울에 산다.

현재 서울에 살고 있어요.

2) 나는 서울에 살았다.

과거에 서울에 살았어요.

3) 나는 10년 동안 서울에 계속 살아왔다.

10년 전 **과거**부터 **현재**까지 서울에 살고 있는 상황이에요.

과거   현재

3)처럼 과거와 연관 지어 현재 상황을 말할 때
현재완료시제를 씁니다!

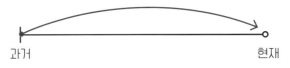

현재완료를 쓰는 이유
과거와 현재를 연관 지어서 말할 때

앞에서 비교한 세 문장을 영어로 바꿔 볼게요.

---

1) I live in Seoul. [현재]

(나는 서울에 산다.)

2) I lived in Seoul. [과거]

(나는 서울에 살았다.)

3) I have lived in Seoul for 10 years. [현재완료]

(나는 10년 동안 서울에 계속 살아왔다.)

---

1) **현재시제**이기 때문에 동사의 현재형 **live**를 썼고요.

2) **과거시제**이기 때문에 live의 과거형 **lived**라고 썼어요.

3) **have lived**가 보이죠? 이게 바로 **현재완료시제**의 형태랍니다!

현재완료

have + 과거분사(past participle = p.p.)

엄마! 과거분사 어디서 들어본 거 같아요~

2권 Unit4 다시 복습!

우리 동사의 3단 변화형 기억나죠?

동사원형	과거형	과거분사형
live	**lived**	**lived**

여기서 3번째 단어가 과거분사예요.

과거분사는 줄여서 **p.p.**라고 말해요.

동사 3단 변화형 복습

have + 과거분사(p.p.)의 형태를 보면 현재와 과거 둘 다 떠올리면 됩니다.

현재완료

have + **과거분사(p.p.)**
현재시제   과거에 발생

과거와 현재의 만남!

Oh, no!
너무 어려워요.

우리말하고 달라서
더 어려운 게 당연해.
예문을 보자~

She has collected coins for two years.
(그녀는 2년 동안 동전을 모아왔다.)

2년 전 **과거**에도 동전을 모았고
현재도 동전을 모으고 있으니 <have + 과거분사(p.p.)> 형태의 **현재완료**시제를 썼어요.

단, 주어가 She로 **3인칭 단수**이기 때문에
have가 아니라 **has**로 썼습니다.

다음 빈칸에 알맞은 말을 쓰세요.

1) I _____ _____ medicine for five years. (study)

(나는 5년 동안 의학을 계속 공부해왔다.)

2) He _____ _____ for this company since 2018. (work)

(그는 2018년 이후로 이 회사에서 계속 일해 왔다.)

1) 과거부터 현재까지 공부하고 있기 때문에 현재완료 have + 과거분사(p.p.)를 씁니다. study의 3단 변화형은 study – studied – studied로 과거분사는 studied입니다.
2) 과거 2018년부터 현재까지 일하고 있기 때문에 현재완료 have + 과거분사(p.p.)를 씁니다. 주어가 He로 3인칭 단수이기 때문에 have는 has로 적어줍니다. work의 3단 변화형은 work – worked – worked로 과거분사는 worked입니다.

정답 1) have studied 2) has worked

3. 현재완료 줄임형

영어는 줄임말을 좋아하죠?
현재완료에서도 주어와 have는 자주 줄여서 써요.

주어 + have	줄임형
I have	I've
You have	You've
They have	They've
We have	We've
He has	He's
She has	She's
It has	It's

주어가 He, She, It처럼
3인칭 단수일 때는 have가 아닌 **has**를 쓰고
줄임형도 **'s**가 되는 것을 확인하세요.

 **연습문제**

O

머리에 콕콕

Unit 12.

다음 <보기>에서 알맞은 말을 골라 빈칸을 완성해 보세요.

보기
- has
- He's
- They've
- 과거분사

현재완료	개념
쓰임	과거와 현재를 연관 지어서 말할 때 씀
형태	have + ①_____ (p.p.)
주의	주어가 3인칭 단수일 때는 ②_____ + 과거분사(p.p.)
줄임형	I have = I've, You have = You've, They have = ③_____, We have = We've, He has = ④_____, She has = She's, It has = It's

정답 ① 과거분사 ② has ③ They've ④ He's

문법 Talk

고딸영문법3 100%

아빠~ 머리 아프게 왜 현재완료를 써요?

현재완료를 쓰면 과거와 현재를 연관 지어서 말할 수가 있어!

오호~

일단 <have + 과거분사>의 형태만 기억하렴.

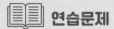

매일 10문장

Unit 12.

[1-3] 다음 문장의 시제가 현재, 과거, 현재완료 중 무엇인지 쓰세요.

1. He has blue eyes. _____

2. I have stayed here for 6 months. _____

3. He came to school at 10 o'clock. _____

[4-6] 다음 중 어법상 알맞은 것을 고르세요.

4. I (have / has) played the drums since 2014.

5. She (have / has) waited for him for two hours.

6. They have (are / been) friends for 10 years.

[7-10] 다음 괄호 안에 주어진 단어를 활용하여 현재완료 문장을 완성하세요.

7. I've _____ her for 5 years. (know)

8. I've _____ English for 2 years. (teach)

9. He's _____ science since 2020. (study)

10. My mom has _____ this mirror for 15 years. (use)

[단어] 4. **drum** 드럼 5. **wait** 기다리다 9. **science** 과학 10. **mirror** 거울

Unit 11 복습 TEST

[복습] 주어진 단어를 바르게 배열하세요.

1. 이곳은 위험하다. (dangerous / is / this place)

   _____

2. 그는 그녀에게 방을 청소하게 했다. (had / her / clean the room / he)

   _____

3. 그는 내가 요리하기를 원한다. (me / wants / he / to cook)

   _____

Unit 13. 현재완료 용법 1 [계속]

1. 현재완료를 쓰는 4가지 경우

현재완료시제에는
과거와 현재의 시간 개념이 모두 들어 있다고 했죠?
현재와 과거를 연결해서 말하는 4가지 경우를 소개할게요.

> 1) (과거부터 현재까지) 계속 ~해 왔다
> 2) (과거부터 현재까지) ~한 적이 있다
> 3) (과거에 해서 현재) (이제 막) 완료한 상태이다
> 4) (과거부터 현재까지) ~해 버렸다(지금도 그 상태)

모두 과거와 현재의 느낌이 보이죠?
1번부터 하나씩 정리해 볼게요.

2. 현재완료의 계속적 용법

현재완료의 대표적 쓰임 첫 번째!
과거부터 현재까지 계속해오고 있는 일을 말할 때 써요.

I have played the piano since 2020.
(나는 2020년 이후로 계속 피아노를 연주해 왔다.)

2020년 과거부터 현재까지 쭉 계속 피아노를 연주하고 있죠!
과거와 **현재**를 연관시켜서
계속하고 있는 일을 말할 때 **현재완료**를 씁니다.

현재완료 쓰임 ❶ 계속
(과거부터 현재까지) 계속 ~해 왔다

과거에 발생했지? YES
현재에도 계속하니? YES

그럼 다음 빈칸을 완성해 볼까요?

He _____ _____ sick
since yesterday. (be)
〔그는 어제부터 계속 아파왔다.〕

어제 아팠으니 과거에 발생했죠? YES
현재도 계속 아프죠? YES

과거부터 현재까지 계속되는 일을 말하니
have + 과거분사(p.p.) 형태로 써야 합니다.

주어가 He로 3인칭 단수이기 때문에 have는 **has**로 바꿔서 써야 하고요.
be동사의 과거분사형 **been**을 씁니다.

동사원형 be	과거형 was, were	과거분사형 been

He has been sick since yesterday.

3. for와 since

현재완료가 '계속 ~해 왔다'라는 의미로 쓸 때는
주로 전치사 for, since와 함께 씁니다.

1) **I have worked here for 3 years.**

(나는 여기에서 3년 동안 계속 일해왔다.)

2) **I have worked here since 2019.**

(나는 여기에서 2019년 이후로 계속 일해왔다.)

두 문장 모두 과거부터 현재까지 일해오고 있음을 나타내고 있어요.
1) **for**는 '~동안' 2) **since**는 '~이후로'라는 뜻이에요.

아빠
for하고 since
똑같아 보여요~

아니야.
for는 기간,
since는 시점과 써.

for와 since는 비슷해 보이지만 달라요.

for: ~동안 [기간]

since: ~이후로, ~이래로 [시점]

for + 기간: ~동안

for seven years(7년 동안) **for three months**(3개월 동안)

for a week(한 주 동안) **for a long time**(오랜 시간 동안)

for 다음에는 **기간**과 함께 썼어요.
시간의 뭉치가 느껴져야 해요.

since + 시점(언제): ~이후로, ~이래로

since 2000(2000년 이후로) **since last month**(지난달 이후로)

since then(그때 이후로) **since last Friday**(지난 금요일 이후로)

since 다음에는
언제 시작했는지에 해당하는 **시점**과 함께 씁니다.

Quiz 1

다음 빈칸에 전치사 for 또는 since를 쓰세요.

1) I have used this computer _____ 2018.

2) We've known each other _____ five years.

1) 나는 2018년부터 이 컴퓨터를 계속 사용해 왔다. 2018년이라고 컴퓨터를 사용하기 시작한 시점이 나와있죠? 따라서 since를 씁니다. 2) 우리는 5년 동안 서로 계속 알아왔다. 5년 동안은 기간을 의미해요. 따라서 for를 씁니다.

정답 1) since 2) for

4. 현재완료 부정문

현재완료도 **부정문**을 만들 수 있어요.

have 다음에 **not**만 붙이면 됩니다.
have not은 **haven't**로 줄여서 써요.

현재완료 부정문

have + not + 과거분사(p.p.)
haven't

I haven't seen you since last month.

(나는 너를 지난달 이후로 못 봤어.)

지난달 **과거**부터 **현재**까지 계속 못 보는 상황을
현재완료 부정문으로 썼어요.

Quiz 2

다음 빈칸에 알맞은 것을 고르세요.

I _____ slept well for 2 days. (나는 이틀 동안 잠을 잘 못 잤어.)

① have   ② haven't

이틀 전 과거부터 현재까지 잠을 못 잤기 때문에 현재완료시제로 썼어요. '~하지 못해왔다'는
부정문으로 have 뒤에 not을 붙인 haven't를 씁니다.

정답 ②

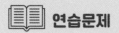

머리에 콕콕

Unit 13.

다음 <보기>에서 알맞은 말을 골라 빈칸을 완성해 보세요.

보기
- 계속 ~해 왔다
- have
- 현재
- since

계속적 용법	과거에 발생한 일을 ①_____ 에도 계속할 때 씀
해석	②_____
특징	주로 for(~동안), ③_____ (~이후로)와 같이 씀
예	I ④_____ played the piano since 2020. (나는 2020년 이후로 피아노를 연주해 왔다.)

정답 ① 현재 ② 계속 ~해 왔다 ③ since ④ have

문법 Talk

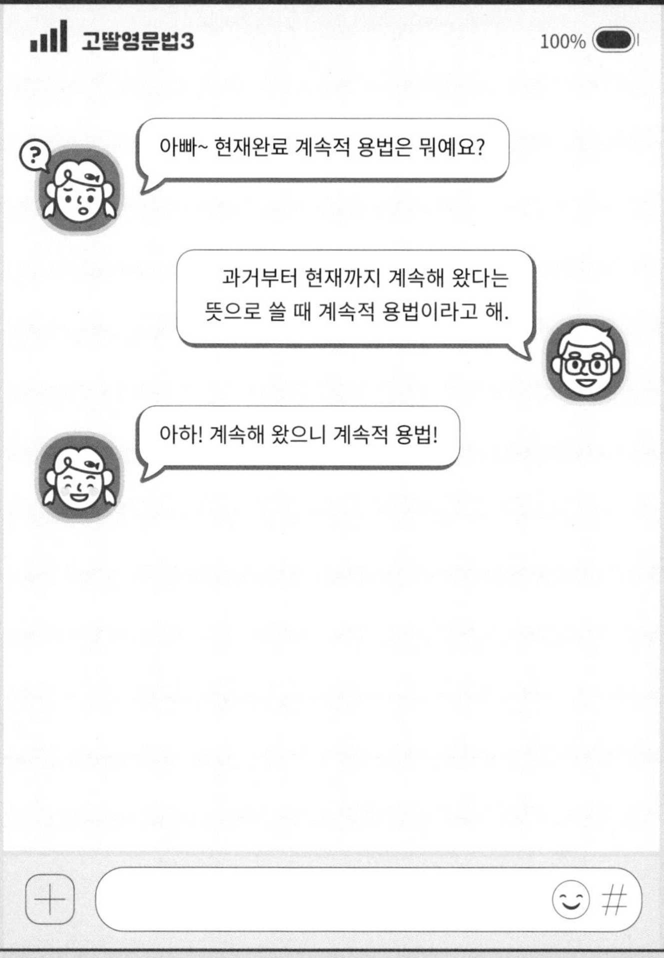

📶 **고딸영문법3**　　　　　　　100% 🔋

> 아빠~ 현재완료 계속적 용법은 뭐예요?

> 과거부터 현재까지 계속해 왔다는 뜻으로 쓸 때 계속적 용법이라고 해.

> 아하! 계속해 왔으니 계속적 용법!

➕ [　　　　　　　　　　　　　 😊 #]

Unit 13.

매일 10문장

[1-7] 다음 괄호 안의 주어진 단어를 이용하여 현재완료 문장을 완성하세요.

1. I _____ _____ a cold for two weeks. (have)

2. It _____ _____ windy since last night. (be)

3. I _____ not _____ a car for 2 years. (drive)

4. He _____ _____ the shop for three days. (close)

5. They _____ _____ in Canada for 10 years. (live)

6. She _____ _____ tennis for 3 years. (play)

7. He _____ _____ glasses for 10 years. (wear)

[8-10] 다음 빈칸에 for 또는 since를 쓰세요.

8. It has been warm _____ last Monday.

9. He hasn't eaten pork _____ a long time.

10. I've used the same phone _____ 5 years.

[단어] 1. **cold** 감기 2. **windy** 바람이 많이 부는 7. **wear** 쓰다, 착용하다 8. **warm** 따뜻한 9. **pork** 돼지고기

[복습] 괄호 안의 단어를 활용하여 문장의 빈칸을 완성해 보세요.

1. 나는 2014년 이후로 드럼을 계속 연주해왔다.

   I _____ _____ the drums since 2014. (play)

2. 나는 그녀를 5년 동안 알아왔다.

   I've _____ her for 5 years. (know)

3. 그는 2020년 이후로 과학을 계속 공부해왔다.

   He's _____ science since 2020. (study)

Unit 14. 현재완료 용법 2 [경험]

1. 현재완료의 경험적 용법

현재완료를 쓰는 두 번째 경우를 살펴볼게요.
먼저 질문!

무지개를
본 적이 있나요?

이 질문을 받은 순간 여러분의 뇌가 엄청 바빴을 거예요.
왜냐!

태어나서 지금까지 무지개를 본 적이 있었던가?

과거   현재

여러분의 과거를 돌이켜 인생의 경험을 생각해보게 하는
심오한 질문이기 때문이죠!

과거부터 현재 이 순간까지
경험을 이야기할 때 **현재완료**를 씁니다.

I've seen a rainbow before.

(나 전에 무지개 본 적이 있어요.)

have + 과거분사(p.p.) 형태로 썼어요.

현재완료 쓰임 ❷ 경험

(과거부터 현재까지) ~한 적이 있다

과거에 발생했지? YES

현재에도 그 경험이 유효하니? YES

2. 현재완료의 경험적 용법과 과거시제의 차이

엄마! 경험도 과거이니까 그냥 과거로 쓰면 안 될까요?

과거로 써도 되는데. 뉘앙스가 달라!

우리말로 생각하면 과거와 현재완료는 이런 뉘앙스 차이가 있어요.

과거

했다

과거 사실을 말할 때

VS

현재완료

한 적이 있다

현재를 기준으로
과거의 경험을 말할 때

과거시제로 쓰면 그냥 '**~했다**'라는 뜻이 되고요.
현재완료시제로 쓰면 '**~한 적이 있다**'라는 뜻이 되어요.

다음 예문을 비교해 볼게요.

1) **I ate passion fruit yesterday.**

(나는 어제 패션프루트를 먹었다.)

2) **I've eaten passion fruit before.**

(나는 전에 패션프루트를 먹어 본 적이 있다.)

둘 다 패션프루트를 먹었다는 사실은 같지만
말하는 이의 의도에 약간의 차이가 있어요.

먹었다 vs 먹은 적이 있다

1) 어제 패션프루트를 먹은 과거의 사실을 전달하기 위해 **과거시제**로 썼어요.
2) 과거에 있었던 일이지만, **현재를 기준으로**
과거에 그러한 경험이 있는 상태를 강조하며 **현재완료시제**를 썼어요.

또 다른 예문!

1) **I met Jack yesterday.** (나는 어제 잭을 만났다.)

2) **I've met Jack twice.** (나는 잭을 두 번 만난 적이 있다.)

만났다 vs 만난 적이 있다

1) 과거에 누구를 만났는지 말하기 위해 **과거시제**를 썼어요.
2) 과거에 언제 만났는지는 중요하지 않아요.
현재를 기준으로 과거에 총 두 번 만났다는 **경험**을 이야기하고 있어요.

3. 경험을 나타낼 때 자주 쓰는 표현

현재완료 형태로 경험을 말할 때는
주로 다음과 같은 부사와 함께 씁니다.

never(결코/한 번도) **ever**(이전에) **before**(전에)
once(한 번) **twice**(두 번) **~times**(여러 번) 등등

인생 경험에 대해서 이야기하고 있으니
안 해봤다(never), 전에 해봤다(before), 한 번(once), 두 번(twice), 여러 번(~times)
이런 단어들과 잘 어울린다고 기억하세요.

다음 빈칸에 들어갈 표현은 무엇일까요?

I've tried coffee _____.

(나는 커피를 한 번 마셔 본 적이 있다.)

과거부터 현재까지 커피를 마셔 본 경험이 한 번인 거죠?
그래서 **현재완료**를 썼어요.
'한 번'을 의미하는 부사는 once입니다.

I've tried coffee once.

아하~ 한 번, 두 번
해 본 적이 있다!

응! 경험을
말할 때 써~

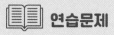 연습문제

머리에 콕콕

Unit 14.

다음 <보기>에서 알맞은 말을 골라 빈칸을 완성해 보세요.

보기
- ~한 적이 있다
- 한 번
- 여러 번
- ~했다

경험적 용법	과거부터 현재 이 순간까지의 경험을 말할 때 씀
해석	①_____
주의	과거시제(②_____) vs 현재완료시제(~한 적이 있다)
특징	never(결코/한 번도 ~않다), ever(이전에), before(전에), once(③_____), twice(두 번), ~times(④_____) 등과 같이 씀

번 남아 ④ 번 한 ③ 다였~ ② 다있 이작 한~ ① 답장

문법 Talk

Unit 14.

매일 10문장

[1-4] 다음 괄호 안의 주어진 단어를 이용하여 현재완료 문장을 완성하세요.

1. I _____ never _____ her before. (meet)

2. She _____ _____ Spanish before. (study)

3. Sarah _____ never _____ a bike. (ride)

4. _____ you ever _____ volleyball? (play)

[5-7] 다음 우리말과 일치하도록 <보기>에서 알맞은 표현을 고르세요.

보기	• before • never • twice

5. 우리는 저 박물관에 두 번 방문해본 적이 있다. We've visited that museum _____.

6. 나는 전에 이 식당에서 먹어 본 적 있다. I've eaten at this restaurant _____.

7. 그는 울타리를 넘어본 적이 없다. He's _____ climbed over a fence.

[8-10] 다음 현재완료 문장을 해석하세요.

8. I haven't heard this song before. _____

9. Have you ever travelled to Beijing? _____

10. Mike has been late to school three times. _____

[단어] 2. **Spanish** 스페인어 4. **volleyball** 배구 5. **museum** 박물관 6. **restaurant** 식당
　　　 7. **climb** 오르다 **fence** 울타리 9. **travel** 여행하다

Unit 13 복습 TEST

[복습] 괄호 안의 단어를 활용하여 문장의 빈칸을 완성해 보세요.

1. 나는 2주 동안 감기에 걸렸다.

   I _____ _____ a cold for two weeks. (have)

2. 나는 2년 동안 운전을 하지 않아 왔다.

   I _____ not _____ a car for 2 years. (drive)

3. 나는 지난 주 이후로 계속 잠을 잘 못 잤다.

   I haven't _____ well since last week. (sleep)

Unit 15. 현재완료 용법 3 [완료]

1. 현재완료의 완료 용법

현재완료를 쓰는 세 번째 경우를 살펴볼게요.
먼저 질문!

이 질문에 대한 답을 떠올리면 됩니다.

언제 했는지가 중요하지 않아요.
다 했는지 안 했는지! 현재의 상태가 중요한 질문이에요.

I have already finished my homework. (숙제를 벌써 다 끝낸 상태예요.)

숙제를 끝낸 것은 과거!
현재에도 그런 상황이라는 것을 강조하기 위해 **현재완료**를 썼어요.

현재완료 쓰임 ❸ 완료
[완료] (이제 막) 완료한 상태이다

최근(과거)에 완료했니? YES
현재에도 그 상태이니? YES

또 다른 상황을 볼게요.
아침에 일어나서 아침 먹고 웹툰을 보고 있었어요.

그때! 친구한테서 전화가 옵니다.

아침 먹었어?
아니면 브런치
먹으러 갈까?

언제 아침을 먹었는지를 묻는 게 아니에요.
지금 먹은 상태인지 안 먹은 상태인지를 묻고 있어요.

I have just had breakfast.
(나는 방금 아침을 먹은 상태야.)

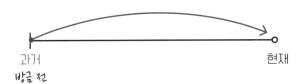

과거   현재
방금 전

밥은 아까 먹었죠?
과거에 완료한 일을 **현재 상태로 강조**해서 말할 때
현재완료를 씁니다.

have(먹다)의 과거분사형은 had이기 때문에
현재완료 have + p.p.형태로 have had를 썼어요.

또 다른 상황!
여러분이 아침에 일어나서 눈 뜨고 하품을 하고 있을 때!

엄마한테서 전화가 왔어요.

일어났니?

언제 일어났는지가 중요하지 않아요.
지금 일어났는지 안 일어났는지 현재 상태를 묻는 질문이에요.

I've just woken up. (이제 막 깬 상태예요.)

조금 전에 일어났지만
지금 일어나 있음을 강조할 때는 **현재완료**를 씁니다.

아하~ 이제 막
따끈따끈하게 한 일은
현재완료로 쓰는군요!

맞아! 그게 바로
완료 용법이야.

여기서 잠깐! 현재, 과거, 현재완료시제를 비교해 볼게요.

영어 시제 너무 어려워요 ㅜㅜ

시제에 따라 뜻이 달라져.

다음 세 문장을 볼게요.

1) **I wake up at 6 every morning.** [현재]

2) **I woke up at 6 yesterday.** [과거]

3) **I've just woken up.** [현재완료]

셋 다 올바른 문장이에요. 하지만 각 문장마다 말하는 사람의 의도가 달라요.

1) 나는 매일 아침 6시에 깬다.

매일 반복되는 규칙적인 습관을 말하기 위해 **현재시제**를 써요.

2) 나는 어제 6시에 깼다.

어제! 명백한 과거죠! 어제 일어난 **과거 사실**을 말할 때 **과거시제**를 씁니다.

3) 나는 이제 막 깬 상태이다.

아까 잠에서 깼는데, 지금 깨어 있는 **현재 상태를 강조**하기 위해 **현재완료시제**로 썼습니다.

현재완료가 완료된 상태임을 나타낼 때는 다음과 같은 부사와 자주 쓴답니다.

already(벌써) **yet**(아직) **just**(방금)

'완료했니? 안 했니?'에 대한 상태를 말할 때 유용하겠죠?
예를 볼게요.

기차표를
산 상태니?

I've already bought the train ticket.
(나는 이미 기차표를 산 상태이다.)

already는 주로 have와 과거분사(p.p.) 사이에 써요.

I haven't bought the train ticket yet.
(나는 아직 기차표를 사지 않은 상태이다.)

yet은 주로 의문문과 부정문에 많이 쓰며, 문장 끝에 위치합니다.

I've just bought the train ticket.
(나는 방금 기차표를 산 상태이다.)

방금 완료한 일을 의미해요.
just는 have와 과거분사(p.p.) 사이에 씁니다.

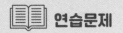 연습문제

머리에 콕콕

다음 <보기>에서 알맞은 말을 골라 빈칸을 완성해 보세요.

보기
- yet
- already
- 완료

완료 용법	조금 전에 어떤 일을 ① _____ 했고, 현재 이러한 상태임을 강조할 때 씀
해석	(이제 막) 완료한 상태이다
특징	already(벌써), ② _____ (아직), just(방금)과 같이 씀
예	I have ③ _____ finished my homework. (나는 벌써 숙제를 다 끝낸 상태이다.)

정답 ① 완료 ② yet ③ already

문법 Talk

매일 10문장

Unit 15.

[1-4] 다음 괄호 안의 주어진 단어를 이용하여 현재완료 문장을 완성하세요.

1. The snow _____ just _____. (stop)

2. I _____ just _____ a shower. (take)

3. Mr. Smith _____ already _____ dinner. (cook)

4. We _____ already _____ fried chicken. (order)

[5-7] 다음 현재완료 문장을 해석하세요.

5. I've just missed the bus. _____

6. I haven't solved the problem yet. _____

7. The meeting has already started. _____

[8-10] 다음 우리말과 일치하도록 <보기>에서 알맞은 표현을 고르세요.

보기	▪ just ▪ already ▪ yet

8. 그녀는 이미 시험에 합격한 상태이다. She has _____ passed the test.

9. 나는 방금 커피를 마신 상태이다. I have _____ had a coffee.

10. 그는 나에게 아직 말을 하지 않은 상태이다. He hasn't spoken to me _____.

[단어] 2. **take a shower** 샤워하다 4. **fried chicken** 튀긴 닭고기 5. **miss** 놓치다 6. **solve** 풀다 **problem** 문제
7. **meeting** 회의 8. **pass** 합격하다

[복습] 괄호 안의 단어를 활용하여 문장의 빈칸을 완성해 보세요.

Unit 14 복습 TEST

1. 나는 그녀를 진에 한 빈도 만난 직이 없다.

   I _____ never _____ her before. (meet)

2. 나는 그녀를 5년 동안 알아왔다.

   I've _____ her for 5 years. (know)

3. 우리는 저 박물관에 두 번 방문해 본 적이 있다.

   We've _____ that museum twice. (visit)

Unit 16. 현재완료 용법 4 [결과]

1. 현재완료의 결과 용법

'결과'의 용법으로 현재완료를 쓰는 상황을 살펴볼게요.

남동생이 지갑을 잃어버렸어요!

다음 두 문장은 지갑을 잃어버린 상황을 묘사하고 있어요.

---

1) 그는 어제 지갑을 잃어버렸어.

2) 그는 지갑을 잃어버려서 지금 지갑이 없어.

두 문장 모두 지갑을 잃어버렸다는 것을 말하고 있지만 뉘앙스가 달라요.

1) 어제 지갑을 잃어버린 단순 **과거 사실**을 말하고 있고요.

2) 지갑을 잃어버려서 **현재 지갑이 없는 상황**을 강조하고 있습니다.

영어로 바꿔 볼까요?

---

1) **He lost his wallet yesterday.**

（그는 어제 지갑을 잃어버렸어.）

2) **He has lost his wallet.**

（그는 지갑을 잃어버려서 지금 지갑이 없어.）

두 문장을 비교해 볼게요.

1) He lost his wallet yesterday.

과거시제로 썼기 때문에
어제 일어난 일에 대해서만 말해 줄 뿐
현재는 지갑을 찾았는지, 못 찾았는지에 대한 정보는 없어요.

2) He has lost his wallet.

현재완료시제로 썼죠?
언제 지갑을 잃어버렸는지는 모르지만
과거에 지갑을 잃어버렸고, **지금도 없는 상태**임을 알 수 있답니다.

이처럼 과거에 일어나서 지금도 그 결과가 계속되고 있음을
강조할 때 현재완료를 씁니다.

현재완료 쓰임 ④ 결과
[결과] ~해 버렸다 (지금도 그 상태)

과거에 발생했니? YES
현재에도 그 상태니? YES

자신 있게 YES! YES!를 두 번 외칠 수 있으니 현재완료!

지금도 그 결과이면
현재완료를 쓰는군요!

응! 현재완료는 과거와
현재를 둘 다 보여줘.

예를 들어 볼게요.
오랜만에 친구에게서 놀자는 연락이 왔어요.
그런데 지금 나는 다리가 부러져서 못 가는 상황이에요.

다리가 부러진 것은 과거이지만
현재도 그 상태임을 강조하고 싶어요.

과거에 발생했니? YES
현재에도 그 상태니? YES

그렇다면, 현재완료를 씁니다.

I've broken my leg.

(나 다리가 부러져 버렸어.)

만약 과거시제로 쓰면 어떤 느낌일까요?

I broke my leg last summer.

(나는 지난여름에 다리가 부러졌다.)

과거에 발생 했니? YES
지금도 그 상황이니? 알 수 없음

과거시제는 과거의 사실만 말할 뿐이에요. 현재 상황은 몰라요.

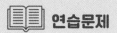

Unit 16.

머리에 콕콕

다음 <보기>에서 알맞은 말을 골라 빈칸을 완성해 보세요.

보기
- has
- 결과
- ~해 버렸다

결과 용법	과거에 어떤 일이 발생했고, 현재까지 그 ①_____가 계속됨을 강조할 때 씀
해석	②_____
예	He ③_____ lost his wallet. (그는 지갑을 잃어버려서 지금 지갑이 없다.)

정답 ① 결과 ② ~해 버렸다 ③ has

문법 Talk

📶 고딸영문법3   100% 🔋

> 엄마~ 결과 용법도 어려워요.

> 과거에 일어난 일이 지금도 그 상태라는 것을 강조할 때 써.

> 이렇게 각각 용법을 볼 때는 알겠는데 막상 용법 구분하는 문제가 나오면 헷갈려요.

> 걱정하지 마. 다음 유닛에서 용법 구분하는 꿀팁을 알려 줄게.

➕ [   ] 😊 #

매일 10문장

Unit 16.

[1-6] 다음 괄호 안의 주어진 단어를 이용하여 현재완료 문장을 완성하세요.

1. I _____ _____ my ring. (lose)

2. She _____ _____ Korea. (leave)

3. I _____ _____ all the money. (spend)

4. Kevin _____ _____ to Finland. (go)

5. She _____ _____ her sunglasses. (break)

6. He _____ _____ away the old magazines. (throw)

[7-10] 다음 우리말에 알맞도록 주어진 단어를 바르게 배열하세요.

7. 그녀는 그녀의 노트북을 잃어버렸다. (has / her laptop / she / lost)

   _____

8. 그는 모든 종이를 다 써버렸다. (used up / all the paper / has / he)

   _____

9. 나는 그 컵을 깨뜨려 버렸다. (broken / have / the cup / I)

   _____

10. 누군가가 내 초콜릿을 먹어 버렸다. (has / someone / my chocolate / eaten)

    _____

[단어] 1. **ring** 반지 6. **magazine** 잡지 7. **laptop** 노트북 8. **throw away** 버리다 10. **someone** 어떤 사람, 누구

[복습] 괄호 안의 단어를 활용하여 문장의 빈칸을 완성해 보세요.

1. 나는 이제 막 버스를 놓친 상태이다.

   I've just _____ the bus. (miss)

2. 나는 아직 그 문제를 풀지 못한 상태이다.

   I _____ _____ the problem yet. (solve)

3. 그녀는 이미 시험에 합격한 상태이다.

   She _____ already _____ the test. (pass)

Unit 17. 현재완료 용법 구분하기

1. 현재완료 용법

지금까지 현재완료의 4가지 용법에 대해서 배웠어요.

---

1) [계속] **계속 ~해 왔다**

2) [경험] **~한 적이 있다**

3) [완료] **(이제 막) 완료한 상태이다**

4) [결과] **~해 버렸다(지금도 그 상태)**

하지만 용법 구분에 너무 연연해하지 않았으면 해요.
우리나라 영문법에서는 일반적으로 4가지로 구분하지만,
사실 학자들마다 다르게 분류하기도 하거든요.

그래서 **현재완료시제**를 공부할 때는
현재완료가 **과거**와 **현재**의 느낌을 모두 가지고 있다는 것만 알아도 충분합니다!

그리고 실제로 문맥 없이
한 문장만 보고 용법을 구분하는 것은 어려운 경우가 많아요.

I've studied Chinese.

I've studied Chinese.

1) 나는 중국어를 공부해왔다. [계속]

2) 나는 중국어를 공부한 적이 있다. [경험]

어떤 상황에서 문장을 말했는지에 따라 뜻이 1) 또는 2)가 될 수 있어요.

그런데 엄마~
시험에 나오면
어떻게 하죠?

걱정하지 마.
애매한 문제는
안 나와.

현재완료는
문장의 의도를 명확하게 해주기 위해서
다음과 같은 말들을 함께 써요.

용법	의도가 분명해지는 말
계속	for(~동안), since(~이후로)
경험	ever(이전에), never(결코/한 번도 ~않다), before(전에), once(한 번), twice(두 번), ~times(여러 번),
완료	just(이제 막), already(이미), yet(아직)

그럼, 문장에 적용해 볼까요?

1) I've studied Chinese for two years.
(나는 중국어를 2년 동안 계속 공부해왔다.)

2) I've never studied Chinese.
(나는 한 번도 중국어를 공부한 적이 없다.)

1) for two years, 2) never에 주의해서 해석해 보면
말하는 사람의 의도가 명확하게 보이죠?

1) 계속 해왔으니 **계속 용법**
2) 인생에서 그런 경험이 없다고 이야기하니 **경험 용법**

다음 문장에서 현재완료의 용법을 고르세요.

I've just brushed my teeth. (나는 방금 양치질을 한 상태이다.)

① 계속 용법　② 완료 용법

이제 막 '~한 상태'를 나타내고 있기 때문에 완료 용법입니다.
완료 용법은 just(방금)와 같은 표현과 함께 씁니다.

정답 ②

2. have been to vs have gone to

현재완료를 쓸 때 많은 분들이 실수하는 표현을 짚고 갈게요.

여러분이 일본을 다녀온 경험을 이야기하려고 해요.
이때 빈칸에 어떤 단어를 써야 할까요?

I've _____ to Japan.
(나는 일본에 갔다 온 적이 있다.)

① gone　② been

정말 쉬운데요?
갔다니까 gone
아니에요?

한 번 더
생각해볼까?

2. have been to vs have gone to

정답은? ②번

I've been to Japan.

(나는 일본에 갔다 온 적이 있다.)

be동사의 뜻은 '~있다' '~이다'라는 뜻이죠?
have been to는 직역하면 '~에 있었던 적이 있다' 경험을 나타내요.

have been to [경험]

~에 있었던 적이 있다

~에 갔다 온 적이 있다

만약 gone을 쓰면 어떤 뜻이 될까요?

have gone to [결과]

~에 가버렸다

지금 가버려서 여기에 없음을 나타낼 때 써요.
주로 지금 여기 없는 사람에 대해 이야기하기 때문에
주어가 3인칭일 때 씁니다.

She's gone.

(그녀는 가버렸다.)

Quiz 2

다음 중 알맞은 것을 고르세요.

I've _____ to England once. (나는 영국에 한 번 가본 적이 있다.)

① been　② gone

'~해 본 적이 있다' 경험을 나타낼 때는 have been to를 씁니다.　　　정답 ①

Q. 완료 용법 vs 결과 용법 구분이 헷갈려요.

A. 완료와 **결과** 용법은 느낌이 비슷하죠?

어떤 학자들은 두 용법을 따로 구분하지 않고 하나로 여기기도 합니다.
둘 다 모두 과거에 일이 일어났고, 현재에 이런 상황이라는 것을 강조하고 있으니까요.
비슷한 거 맞아요!

그러나 우리나라의 영문법에서는 일반적으로 이 두 용법을 구분하고 있답니다.

1) 완료 용법: (이제 막) ~ 완료한 상태이다

already(이미), yet(아직), just(방금) 등의 부사들과 같이 쓰며
"일을 끝낸 상태니? 아닌 상태니?"에 대한 답을 합니다.
일반적으로 '잠시 전'이나 '비교적 최근'에 완료된 상황을 말합니다.

2) 결과 용법: ~해 버렸다

현재의 상황과 결과를 강조하며 원인을 과거 시점에서 설명합니다.
예를 들어, 지금 장갑이 없어요. 왜?

I have lost my gloves.
(나는 장갑을 잃어버렸어.)

이처럼 잃어버리거나(have lost), 부러지거나(have broken),
가 버리거나(have gone), 떠나 버리거나(have left) 등과 같이
주로 과거에 일어난 사건의 결과가 현재 지속됨을 나타낼 때 **결과 용법**을 써요.

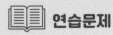 **연습문제**

Unit 17.

머리에 콕콕

다음 <보기>에서 알맞은 말을 골라 빈칸을 완성해 보세요.

보기

- ~해 버렸다
- for
- ~한 적이 있다
- twice

용법	해석	의도를 분명하게 만드는 말
계속 용법	계속 ~해 왔다	①_____(~동안), since(~이후로)
경험 용법	②_____	ever(이전에), never(결코/한 번도 ~않다), before(전에), once(한 번), ③_____ (두 번), ~times(여러 번)
완료 용법	(이제 막) 완료한 상태이다	just(이제 막), already(이미), yet(아직)
결과 용법	④_____ (지금도 그 상태)	주의) have been to: ~에 갔다 온 적이 있다 [경험] have gone to: ~에 가버렸다 [결과]

정답 ① for ② ~한 적이 있다 ③ twice ④ ~해 버렸다

문법 Talk

.ıll 고딸영문법3   100% 🔋

엄마~ 용법 구분 꼭 해야 해요?

용법이라고 생각하면 너무 어렵지?
그냥 현재완료가 해석이 주로
4개로 된다고 생각하면 돼.

아하!

계속 ~해 왔다, ~한 적이,
이제 막 완료한 상태이다, ~ 해 버렸다

와! 해석에 집중하니 조금 쉬워져요.

📖 연습문제

Unit 17.

매일 10문장

[1-4] 다음 <보기>에서 알맞은 표현을 골라 현재완료 문장을 완성하세요.

보기	• for • never • forgotten • yet

1. I've _____ seen a panda.   나는 판다를 본 적이 없다. [경험]

2. I have _____ his phone number.   나는 그의 전화번호를 잊어버렸다. [결과]

3. She hasn't checked the answers _____.   그녀는 아직 정답을 확인하지 않은 상태이다. [완료]

4. We have known each other _____ 10 years.   우리는 서로 10년 동안 계속 알아왔다. [계속]

[5-7] 다음 문장이 계속, 경험, 완료, 결과 중 의미하는 것을 쓰세요.

5. They've lived here for 5 years.   _____

6. She's never smoked.   _____

7. I've already told you.   _____

[8-10] 다음 우리말과 일치하도록 gone 또는 been을 쓰세요.

8. 그는 터키에 가버렸다.   He has _____ to Turkey.

9. 너는 전에 이탈리아에 가본 적이 있니?   Have you _____ to Italy before?

10. 그녀는 스페인에 가본 적이 없다.   She has never _____ to Spain.

[단어] 2. **forget** 잊다 **phone number** 전화번호 3. **check** 확인하다 6. **smoke** 담배를 피우다

Unit 16 복습 TEST

[복습] 괄호 안의 단어를 활용하여 현재완료 문장을 완성해 보세요.

1. 그녀는 한국을 떠나 버렸다.   She _____ _____ Korea. (leave)

2. 그녀는 그녀의 노트북을 잃어버렸다.   She _____ _____ her laptop. (lose)

3. 누군가가 내 초콜릿을 먹어 버렸다.   Someone _____ _____ my chocolate. (eat)

Unit 18. 현재완료 VS 과거

1. 현재완료와 과거 비교

" 현재완료와 과거의 차이 때문에 너무 고민하지 마세요. "

과거에 끝난 일은 **과거**로
과거의 일을 **현재와 연관시켜서** 말할 때는 **현재완료**로 쓰는 느낌만 알아도 성공이에요.

과거 ➡ 과거시제
과거 + 현재 ➡ 현재완료시제

일상 회화할 때 과거시제, 현재완료시제를 잘 못 써도
의사소통하는 데 큰 문제가 되지 않아요.

특히 완료 용법으로
'막 ~한 상태이다'를 나타낼 때
영국에서는 현재완료시제를 주로 쓰지만 미국에서는 과거시제를 많이 쓰기도 하고요.

그런데 엄마,
현재완료 vs 과거
시험에 자주
나오더라고요 ㅠㅠ

애매한 문제는
절대 안 나와.

이번 유닛에서는 누가 봐도 100% 과거시제를 써야 하는 경우를 살펴볼게요.

과거시제는 과거에 끝난 일이라고 했죠?

따라서 과거 '언제'에 해당하는 **명확한 과거 시점**이 나오면
무조건 **과거시제**를 써야 합니다.

과거 시점을 나타내는 표현

yesterday(어제) **last night**(어젯밤) **last year**(작년)

특정시간 + ago(~전에) **in 2020**(~년에) 등등

반면 현재완료에는 과거와 현재가 모두 있기 때문에
과거 시점을 명확하게 나타내는 표현과는 함께 쓰지 않아요.

예문을 볼게요.

I ate some cheese last night.

(나는 어젯밤에 치즈를 먹었다.)

---

last night(어젯밤)이라는 명확한 **과거 시점**에 한 일이므로
eat의 **과거형 ate**를 썼어요.
이때 현재완료를 쓰면 안 됩니다.

2. 무조건 과거시제로 써야 할 때

그럼, 다음 밑줄 친 부분은 어떻게 고쳐야 할까요?

I have seen Jack yesterday. (X)

(나는 어제 잭을 봤다.)

'어제'라는 명확한 시점이 있기 때문에 과거형으로 바꿔야 합니다.

I saw Jack yesterday.

see의 과거형은 saw입니다.

Quiz 1

다음 중 알맞은 것을 고르세요.

I _____ to China two years ago. (나는 2년 전에 중국에 갔다.)

① went   ② have gone

two years ago(2년 전에)라는 분명한 시점이 있죠? 따라서 과거시제와 써야 합니다.
go의 과거형은 went입니다.

정답 ①

Quiz 2

다음 괄호 안의 단어를 활용하여 빈칸을 완성하세요.

They _____ in New Zealand in 2021. (live)

in 2021(2021년에)은 명확한 과거이죠? 따라서 과거시제로 씁니다. live의 과거형은 lived입니다.

정답 lived

다음 문장은 올바른 문장일까요? 틀린 문장일까요?

I have worked here since last year. [O, X]

(나는 작년 이후로 여기에서 일하고 있어.)

last year니까
작년! 과거시제하고
써야 하죠?

아니!
since에 동그라미!

정답은? 올바른 문장입니다.

왜? since에 집중해야 해요.

since: ~이후로, ~이래로

since last year(작년 이후로)는 현재까지 얼마나 오래 일했는지를 나타내요.

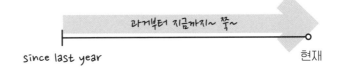

과거부터 지금까지~ 쭉~

since last year   현재

since가 있으면 과거의 한 시점이 아니라 현재와 연결되는 것을 기억하세요.

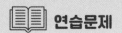
머리에 콕콕

Unit 18.

다음 <보기>에서 알맞은 말을 골라 빈칸을 완성해 보세요.

보기	시제	특징
▪ 과거 시점 ▪ 현재 ▪ last night	과거	• 과거에 발생한 일 • 주로 명확한 ① _____과 함께 씀 예) yesterday(어제), ② _____ (어젯밤) 등 • 시점을 강조
	현재완료	• 과거와 ③ _____를 둘 다 나타냄 • 명확한 시점이 없음 • 기간을 강조

정답 ① 과거 시점 ② last night ③ 현재

문법 Talk

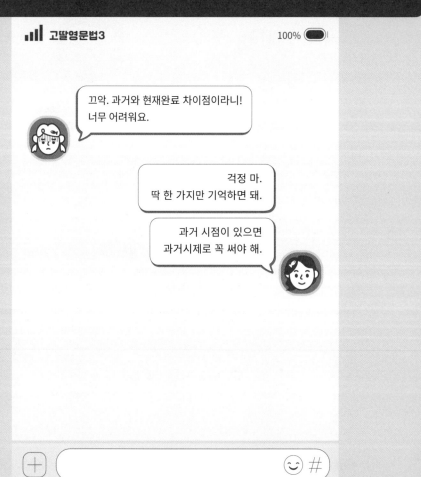

.ill 고딸영문법3 　　　　　　100% 🔋

끄악. 과거와 현재완료 차이점이라니!
너무 어려워요.

걱정 마.
딱 한 가지만 기억하면 돼.

과거 시점이 있으면
과거시제로 꼭 써야 해.

매일 10문장

Unit 18.

[1-6] 다음 중 어법상 알맞은 것을 고르세요.

1. He (visited / has visited) France twice.

2. She (went / has gone) to India in 2020.

3. I (saw / has seen) him a week ago.

4. He (wrote / has written) stories since 2015.

5. He (built / have built) that house three years ago.

6. Have you ever (try / tried) green curry before?

[7-10] 다음 <보기>에서 알맞은 표현을 골라 문장을 완성하세요.

보기	• have stayed • stayed • two weeks ago • just

7. I _____ in Hawaii in 2015.

8. I _____ in Hawaii since 2015.

9. They've _____ arrived in New Zealand.

10. They arrived in New Zealand _____.

[단어] 1. **visit** 방문하다 **France** 프랑스 3. **a week ago** 1주일 전에 4. **story** 이야기 6. **green curry** 그린 커리

[복습] 주어진 단어를 활용하여 빈칸을 완성한 후 용법을 쓰세요.

1. 나는 판다를 본 적이 없다.

   I've never _____ a panda. (see)   _____

2. 우리는 서로 10년 동안 계속 알아 왔다.

   We have _____ each other for 10 years. (know)   _____

3. 나는 이미 너에게 말한 상태이다.

   I've already _____ you. (tell)   _____

Unit 19. 종합 TEST

A. 다음 문제를 풀어 보세요.

[1-3] 다음 괄호 안의 단어를 이용하여 빈칸을 완성하세요.

1

I've just _____ a sandwich. (eat)

2

It _____ _____ cold for two weeks. (be)

3

I _____ just _____ my homework. (finish)

4 다음 중 빈칸에 들어갈 말이 <u>다른</u> 하나를 고르세요.

① I have learned English _____ 2019.

② Jane has worked here _____ 10 years.

③ I haven't seen you _____ a long time.

④ They have lived in Busan _____ 3 months.

5 다음 중 <보기>의 우리말을 영어로 바르게 옮긴 것을 고르세요.

<보기> 피터는 프랑스로 가버렸다.

① Peter goes to France.

② Peter has been to France.

③ Peter has gone to France.

④ Peter have gone to France.

6 다음 밑줄 친 표현 중 '~한 적이 있다'라고 해석되는 것을 고르세요.

① I've met her before.

② He has just arrived in Berlin.

③ We have worked together for 2 years.

④ I have lived here for 10 years.

7 다음 우리말에 알맞도록 빈칸을 완성하세요.

나는 이미 저녁을 요리한 상태이다.
I _____ already _____ dinner. (cook)

[8-10] 다음 중 올바른 것을 고르세요.

8 I (watched / have watched) a movie last night.

9 She's already (leave / left) the office.

10 I (have lost / lost) my phone yesterday.

132

B. 주어진 단어를 활용하여 빈칸을 완성해 보세요.

1 나는 6개월 동안 여기에 머물러 왔다.

I _____ _____ here for 6 months. (stay)

2 그녀는 2시간 동안 그를 계속 기다렸다.

She _____ _____ for him for two hours. (wait)

3 그녀는 3년 동안 테니스를 쳐왔다.

She _____ _____ tennis for 3 years. (play)

4 그는 오랫동안 돼지 고기를 먹지 않아 왔다.

He _____ _____ pork for a long time. (eat)

5 마이크는 학교에 세 번 늦은 적이 있다.

Mike _____ _____ late to school three times. (be)

6 우리는 이미 프라이드 치킨을 주문한 상태이다.

We _____ already _____ fried chicken. (order)

7 나는 이미 너에게 말했다.

I _____ already _____ you. (tell)

C. 다음 중 올바른 것을 고르세요.

1 그들은 10년 동안 친구로 지내왔다.　　They have (were / been) friends for 10 years.

2 나는 2년 동안 운전하지 않아 왔다.　　I haven't (drove / driven) a car for 2 years.

3 사라는 한 번도 자전거를 타 본 적이 없다.　Sarah (have / has) never ridden a bike.

4 나는 그의 전화번호를 잊어버렸다.　　I have (forget / forgotten) his phone number.

5 그는 2015년 이후로 이야기를 써 왔다.　He (wrote / has written) stories since 2015.

6 나는 3년 전에 저 집을 지었다.　　I (built / have built) that house three years ago.

7 그들은 2주 전에 뉴질랜드에 도착했다.　They (arrived / have arrived) in New Zealand

two weeks ago.

현재완료시제 개념 확실하게 잡았죠?

이제 조동사 확장 표현으로 넘어갈게요.

기본 조동사 쓰임부터 정리하실 분들은 2권 Unit 14를 먼저 공부하세요.

Unit 20. be able to

1. be able to란?

can은 조동사로 '~할 수 있다'라는 뜻이죠? [2권 Unit 14]

그런데 can과 같은 뜻으로 바꿔쓸 수 있는 표현이 하나 더 있어요.

바로 **be able to**입니다.

> ## be able to: ~할 수 있다, ~하는 것이 가능하다

그럼 be able to를 써서 다음 문장을 완성해 볼까요?

> ## He can speak three languages.
>
> = He _____ _____ _____ speak three languages.
>
> (그는 세 개의 언어를 말할 수 있다.)

be able to를 쓸 때 주의할 점은 바로 be동사.

주어가 He로 **3인칭 단수**이니까 be동사 **is**를 써야 합니다.

> ## He is able to speak three languages.

그리고 be able to 뒤에는 반드시 **동사원형**을 써야 해요. 그래서 **speak**라고 씁니다.

Quiz 1

다음 중 알맞은 것을 고르세요.

She is _____ to swim. (그녀는 수영을 할 수 있다.)

① can ② able

can과 be able to는 모두 '~할 수 있다'라는 뜻을 가집니다. be동사 is가 있기 때문에 able이 답이 됩니다.

정답 ②

1) 부정문

be able to를 부정문으로 만드는 방법은 어렵지 않아요.
be동사의 부정문을 만들 때처럼
be동사 뒤에 **not**를 붙이면 됩니다.

> ### be not able to: ~ 할 수 없다, ~하는 것이 가능하지 않다

열 나 ㅠㅠ

오늘 수영 못해.

> ## I'm not able to swim today. (나는 오늘 수영 못 해.)

2) 의문문

be able to를 의문문으로 만들 때는
be동사만 문장 맨 앞으로 이동해주면 됩니다.

> ### Be + 주어 + able to ~?: ~할 수 있니?, ~하는 것이 가능하니?

> ## Are you able to drive a car?
> (너 운전 가능하니?)

주어가 you이기 때문에 you와 짝꿍인 be동사 Are를 씁니다.

Quiz 2

다음 주어진 단어를 바르게 배열하여 문장을 완성하세요.

1) 그는 오늘 올 수가 없다. (come today / isn't / able / he / to)

= _____

2) 회의에 참석할 수 있어요? (you / able / attend the meeting / to / are)

= _____

1) '~할 수 없었다'는 <be + not + able to> 순서로 씁니다. 2) '~할 수 있어요?'라고 물어볼 때는 be able to에서 be를 맨 앞에 써서 <Be + 주어 + able to ~? > 형태로 씁니다.

정답 1) He isn't able to come today. 2) Are you able to attend the meeting?

3. be able to 과거형

be able to에서 be동사를 **was, were**로 쓰면 **과거시제**를 만들 수 있어요.

She was able to ride a bike to school yesterday.

(그녀는 어제 학교에 자전거를 타고 갈 수 있었다.)

yesterday는 '어제'라는 뜻으로 과거이죠?
be able to에서 be동사를 과거형 was로 썼어요.

> ## I wasn't able to sleep last night.
>
> (나는 어젯밤 잠을 잘 수 없었어.)

last night은 '어젯밤'이라는 뜻으로 과거!
be동사 was를 썼고요.
'~할 수 없었어'는 부정문이니 wasn't를 썼어요.

다음 빈칸에 알맞은 말을 고르세요.

그는 어제 그의 일을 끝낼 수 없었다.

He _____ able to finish his work yesterday.

① isn't   ② wasn't

'어제'이기 때문에 과거시제입니다. be동사 과거형은 was이고 '~할 수 없었다'로
부정이기 때문에 was not의 줄임형 wasn't를 씁니다.   정답 ②

4. can과 be able to 차이점

아빠, 그냥 can 쓰면
되지 왜 be able to를
알아야 해요?

be able to는
다른 조동사랑
같이 쓸 수 있어.

일상회화에서 **일반적인 능력**에 대해 말할 때는
be able to 보다 **can**을 훨씬 더 자주 써요.

단, can이 침범하지 못하는 영역이 있어요.
바로 다른 조동사와 함께 쓸 때는 can이 아니라 **be able to**를 씁니다.

조동사 + can (X)

조동사 + be able to (O)

왜? 조동사 다음에 동사원형을 써야 하는데 조동사인 can을 쓰면 서로 충돌하거든요.

> 내 뒤에
> 동사원형 와야 해.

> 그래? 흥!
> 나도 여기 안 써!

will can (X)

be able to는 be라는 동사의 형태가 있기 때문에 다른 조동사 뒤에 쓸 수 있어요.

> 내일
> 도와줄 수 있어.

I will can help you tomorrow. (X)

I will be able to help you tomorrow. (O)

(나는 내일 너를 도와줄 수 있을 것이다.)

will 다음에 동사원형으로 be를 쓴 것도 확인하세요.

will + be able to: ~할 수 있을 것이다

미래와 **가능**의 의미가 함께 들어가 있어요.

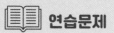 연습문제

Unit 20.

머리에 콕콕

다음 <보기>에서 알맞은 말을 골라 빈칸을 완성해 보세요.

보기	표현	특징
▪ ~할 수 있다 ▪ Be ▪ not	be able to + 동사원형	①_____ , ~하는 것이 가능하다
	부정문	be ②_____ able to + 동사원형 ~ 할 수 없다, ~하는 것이 가능하지 않다
	의문문	③_____ + 주어 + able to + 동사원형 ~? ~할 수 있니?, ~하는 것이 가능하니?
	주의	조동사 + can (X) 조동사 + be able to (O)

정답 ① ~할 수 있다 ② not ③ Be

문법 Talk

엄마~ be able to는 무슨 뜻이에요?

'~할 수 있다' '~하는 것이 가능하다'는 뜻이야.

그냥 can 쓰면 되는 거 아니에요?
be able to 꼭 알아야 해요?

be able to는 can보다
격식이 필요한 대화에서 많이 써.

다른 조동사와 쓸 때도
be able to만 써야 해.

141

Unit 20.

매일 10문장

[1-4] 다음 우리말에 알맞도록 주어진 단어를 바르게 배열하세요.

1. 그녀는 스케이트 탈 수 있다. (is / she / able / skate / to)

   _____

2. 나는 어제 일을 할 수가 없었다. (not / able / work yesterday / to / I / was)

   _____

3. 너는 그걸 하는 것이 가능하니? (you / do that / are / to / able)

   _____

4. 그녀는 올 수 있을 것이다. (will / able / come / be / to / she)

   _____

[5-10] 다음 중 어법상 알맞은 것을 고르세요.

5. He (is / are) able to read Chinese.

6. I was not able to (sleep / slept) last night.

7. (Do / Are) you able to talk to me briefly?

8. She might (can / be able to) find the book.

9. My mom won't (can / be able to) go with me.

10. He will (can / be able to) come to the party tonight.

[단어] 1. **skate** 스케이트 타다 5. **Chinese** 중국어 7. **briefly** 잠깐

[복습] 다음 중 어법상 알맞은 것을 고르세요.

1. 그녀는 2020년에 인도에 갔다. She (went / has gone) to India in 2020.

2. 나는 2015년 이후로 하와이에서 지내왔다. I (stayed / have stayed) in Hawaii since 2015.

3. 나는 일주일 전에 그를 봤다. I (saw / has seen) him a week ago.

Unit 21. would like (to)

1. would like의 뜻

would 다음에 like를 쓰면 '~을 원하다'라는 뜻이 됩니다.
이때, like 다음에는 명사가 와야 해요.

---

would like + 명사: ~을 원하다, ~을 주세요

I would like a sandwich.

(나는 샌드위치 한 개를 원해요.)

---

would like는 식당에서 주문할 때, 가게에서 물건 살 때 등
'~을 원해요' '~을 주세요'라는 뜻으로 정말 자주 쓰는데요.
주어가 대명사일 때 would를 줄여서 **'d**라고 말합니다.

<대명사 주어 + would의 줄임형>

I would like = I'd like   **We would like = We'd like**

She would like = She'd like   **He would like = He'd like** 등

I'd like some
ice cream.
(아이스크림 좀 주세요.)

I'd like
a cup of coffee.
(커피 한 잔이요.)

2. would like to의 뜻

would like 다음에 to를 붙이면 동사와 함께 쓸 수 있어요.

> # would like to + 동사원형: ~하고 싶다

> ## I'd like to stay home. (나는 집에 있고 싶어요.)

would like to 다음에 stay로 동사원형을 쓴 것도 확인하세요.

3. Would you like (to) ~?

would like (to)에서 조동사 would를 맨 앞에 쓰면
제안이나 권유하는 의문문이 됩니다.

1) Would you like + 명사?

<Would you like + 명사?>는 '~을 원하니?'라는 뜻으로
무언가를 권유하는 표현이에요.

Would you like + 명사: ~을 원하니?, ~을 줄까요?

Would you like some coffee? (커피 좀 마실래요?)

만약 여러분이 이러한 제안을 받았다면, 어떻게 답을 할 수 있을까요?
두 가지 경우로 나뉘게 되겠죠?

¹⁾ 네, 주세요. ²⁾ 아니요, 괜찮아요.

Yes, please.
또는 Yes, thanks.

No, thanks.

'네, 주세요'는 **Yes, please.** 또는 **Yes, thanks.**
'아니요, 괜찮아요'는 주로 **No, thanks.**라고 말합니다.

다음 주어진 단어를 바르게 배열하여 문장을 완성하세요.

초콜릿 좀 먹을래? (like / some chocolate / would / you)

_____

<Would you like + 명사?> 순서로 쓰면 권유하는 문장이 됩니다.   정답 Would you like some chocolate?

2) Would you like to + 동사원형?

Would you like to~? '~하고 싶니?'로 어떤 행동을 제안할 때 자주 써요.

Would you like to + 동사원형: ~을 하고 싶니?, ~할래?

학교 끝나고
뭐할까?

Would you like to come to my house?
(우리 집에 올래?)

Would you like to play outside?
(밖에서 놀래?)

모두 상대방에게 제안하는 문장이에요. 회화에서 정말 자주 쓰니 별표 5개!

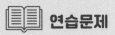

머리에 콕콕

Unit 21.

다음 <보기>에서 알맞은 말을 골라 빈칸을 완성해 보세요.

보기
- would like to
- would like

표현	뜻
① _____ + 명사	~을 원하다, ~을 주세요
② _____ + 동사원형	~하기를 원하다, ~하고 싶다
Would you like + 명사?	~을 원하니?, ~을 줄까요?
Would you like to + 동사원형?	~을 하고 싶니?, ~할래?

정답 ① would like ② would like to

문법 Talk

Unit 21.

매일 10문장

[1-4] 다음 우리말에 알맞도록 주어진 단어를 바르게 배열하세요.

1. 케이크 좀 줄까? (like / some cake / you / would)

   _____

2. 따뜻한 코코아 한 잔 주세요. (like / a cup of hot chocolate / I'd)

   _____

3. 배드민턴 칠래? (play badminton / like / would / you / to)

   _____

4. 나는 그를 만나고 싶다. (meet him / I'd / to / like)

   _____

[5-7] 다음 중 어법상 알맞은 것을 고르세요.

5. I'd (like / likes) a glass of water.

6. He would like (buy / to buy) a cap.

7. Would you like to (went / go) to the park?

[8-10] 다음 빈칸에 would like 또는 would like to를 쓰세요.

8. I _____ some salt, please.

9. I _____ a hamburger.

10. He _____ sell his car.

[단어] 2. **hot chocolate** 코코아 3. **badminton** 배드민턴 5. **a glass of** (유리 컵) 한 잔 8. **salt** 소금

Unit 20 복습 TEST

[복습] 다음 우리말에 알맞도록 문장의 빈칸을 완성해 보세요.

1. 그녀는 스케이트 탈 수 있다.

   She is _____ to skate.

2. 그녀는 올 수 있을 것이다.

   She will _____ able to come.

3. 나는 어젯밤에 잠을 잘 수 없었다.

   I _____ not able to sleep last night.

Unit 22. had better, used to

1. had better의 뜻

다음 문장을 해석해 봅시다.

You had better take this medicine.

가지다? 좋다? 약?
끄악 모르겠어요.

had better의 뜻을
알아야 해.

had better는 강한 충고나 경고할 때 쓰는 표현이에요.

had better: ~하는 것이 낫다 [강한 충고, 경고]

had better는 '~안 하면 큰일 나' 이런 뉘앙스로
should보다 훨씬 강한 충고이기 때문에
상대방에게 말할 때 주의해야 합니다.

너는 이 약을 먹는 게 낫다.

예문을 볼게요.

엄마가 아이에게 꼭 손을 씻으라고 말하고 있어요.

You had better wash your hands first.
(너는 먼저 손을 씻는 게 낫겠어.)

'안 그럼 안 돼' 이런 느낌으로 had better를 썼어요.
보통 had better의 had를 줄여서 'd 로 쓸 수 있어요.

You'd better wash your hands first.

had better 다음에 wash라고 동사원형을 쓴 것도 확인하세요.

2. had better의 부정문

had better의 부정문은 뒤에 not만 붙이면 됩니다.

had better not: ~하지 않는 게 낫다

We had better not play soccer today.
(우리는 오늘 축구하지 않는 게 낫겠어.)

had better 뒤에 not을 붙였어요.

다음 주어진 말을 바르게 배열하여 문장을 완성하세요.

너는 찬물을 마시지 않는 것이 낫겠어.
(drink cold water / had better / you / not)

_____

'~하지 않는 것이 낫다'라는 표현으로 had better 다음에 not을 붙입니다.　　　정답 You had better not drink cold water.

3. used to의 뜻

다음 문장은 무슨 뜻일까요?

My grandmother used to travel a lot.

used to의 뜻을 알아야 해석이 가능한 문장이에요.

used to: ~하곤 했다 [과거 습관]

used to는 '~하곤 했다'라는 뜻으로,
과거에는 규칙적으로 했지만 **지금은 그렇지 않은 일**을 말할 때 씁니다.

나의 할머니는 여행을 많이 하시곤 했다. (지금은 그렇지 않다.)

과거에는 여행을 많이 했지만 지금은 여행을 하지 않아요.

3. used to의 뜻

또 다른 예문!

I used to ride a bike a lot.
(나는 자전거를 많이 타곤 했다.)

요즘은 자전거를 탈까요 안탈까요? 맞아요. 안 타요!
과거에 규칙적으로 하던 일이에요.
used to 다음에 동사원형 쓴 것도 확인하세요.

4. used to의 부정문 & 의문문

그럼 used to의 부정문은 어떻게 만들까요?

과거에 대한 부정문이죠?
따라서 부정문 만들 때 도와주는 **did not(didn't)**이 등장합니다.

didn't use to: ~하지 않곤 했다 (지금은 그렇다)

didn't 다음에 동사원형을 써야 하니 used가 아닌 use를 썼어요.

I didn't use to get up early. (나는 일찍 일어나지 않곤 했다.)

다음 빈칸에 알맞은 말을 고르세요.

나는 브로콜리를 좋아하지 않곤 했어.

I _____ use to like broccoli.

① don't   ② didn't

'~하지 않곤 했다'라는 뜻으로 과거이기 때문에 didn't use to를 씁니다.   정답 ②

의문문은 어떻게 만들까요?
과거시제를 나타내는 Did를 맨 앞에 쓰면 됩니다.

Did + 주어 + use to ~?: ~하곤 했니?

과거의 규칙적인 행동에 대해서 질문을 할 때 써요.
Did가 나왔으니 뒤에 used는 동사원형 use를 씁니다.

Did you use to work there? (너는 거기에서 일하곤 했니?)

지금 아니고 과거에 거기서 일하곤 했는지 물어보고 있어요.

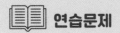
머리에 콕콕

Unit 22.

다음 <보기>에서 알맞은 말을 골라 빈칸을 완성해 보세요.

보기	had better	① _____ [강한 충고, 경고]
▪ not		[부정문] had better ② _____ : ~하지 않는 게 낫다
▪ ~하는 것이 낫다	used to	③ _____ [과거 습관]
▪ didn't		[부정문] 주어 + ④ _____ use to + 동사원형~. : ~하지 않곤 했다 (지금은 그렇다)
▪ ~하곤 했다		[의문문] Did + 주어 + use to + 동사원형~? : ~하곤 했니?

정답 ① ~하는 것이 낫다 ② not ③ ~하곤 했다 ④ didn't

문법 Talk

매일 10문장

Unit 22.

[1-4] 다음 빈칸에 알맞은 말을 넣으세요.

1. 우리는 지하철을 타는 게 낫다.　　We ＿＿＿＿ ＿＿＿＿ take the subway.

2. 너는 이 기계를 사용하지 않는 게 낫다.　You ＿＿＿＿ ＿＿＿＿ ＿＿＿＿ use this machine.

3. 그녀는 테니스를 치곤 했다.　　She ＿＿＿＿ ＿＿＿＿ play tennis.

4. 그는 그의 숙제를 하지 않곤 했다.　He ＿＿＿＿ use to do his homework.

[5-10] 다음 중 어법상 알맞은 것을 고르세요.

5. Chloe (uses / used) to drive a truck.

6. You'd better (be not / not be) late.

7. She'd better (call / to call) Matt.

8. You'd better (take / took) your sunglasses.

9. I (use / used) to like Hollywood movies.

10. Did you (use / used) to live in Yeosu?

[단어] 1. **subway** 지하철 2. **machine** 기계 4. **homework** 숙제 7. **call** 전화하다 9. **Hollywood movie** 할리우드 영화

[복습] 주어진 단어를 바르게 배열하세요.

1. 케이크 좀 줄까? (some cake / would / like / you)

　＿＿＿＿＿＿＿＿＿＿＿＿＿＿＿＿＿＿＿＿＿＿＿＿＿＿＿＿

2. 나는 물 한 잔을 원해요. (a glass of / I'd / water / like)

　＿＿＿＿＿＿＿＿＿＿＿＿＿＿＿＿＿＿＿＿＿＿＿＿＿＿＿＿

3. 배드민턴 칠래? (like / would / play badminton / you / to)

　＿＿＿＿＿＿＿＿＿＿＿＿＿＿＿＿＿＿＿＿＿＿＿＿＿＿＿＿

A. 다음 문제를 풀어 보세요.

[1-3] 다음 우리말에 알맞도록 빈칸을 완성하세요.

1

> 그는 일본어를 말할 수 있다.
>
> He is _____ to speak Japanese.

2

> 우리는 지하철을 타는 게 낫겠다.
>
> We _____ _____
> take the subway.

3

> 그녀는 축구를 하곤 했다.
>
> She _____ _____ play soccer.

[4-5] 다음 중 <보기>의 우리말을 영어로 바르게 옮긴 것을 고르세요.

4

> <보기> 나는 정답을 알고 싶다.

① I'd know the answer.

② I'd like to know the answer.

③ I would like knew the answer.

④ I would like to knew the answer.

5

> <보기> 나는 어제 수영하러 가지 못했다.

① I am able to go swimming yesterday.

② I'm not able to go swimming yesterday.

③ I wasn't able to go swimming yesterday.

④ I was able to go swimming yesterday.

[6-7] 다음 문장을 부정문으로 바꿔 보세요.

6 You <u>had better</u> go out this weekend.

➔ _____

7 I <u>used to</u> walk to school.

➔ _____

[8-10] 다음 주어진 단어를 바르게 배열하여 문장을 완성하세요.

8 커피 좀 줄까?

(you / like / some coffee / would)

_____

9 너는 서울에 살곤 했니?

(use to / did / you / live in Seoul)

_____

10 그는 너를 도울 수 있을 것이다.

(help you / he'll / able / be / to)

_____

B. 문장의 빈칸을 완성해 보세요.

1   너는 그걸 하는 것이 가능하니?   Are you _____ to do that?

2   나의 엄마는 나와 함께 갈 수 없을 것이다.   My mom won't _____ able to go with me.

3   소금 좀 주세요.   I _____ like some salt, please.

4   너는 이 기계를 사용하지 않는 게 낫다.   You _____ _____ not use this machine.

5   너는 너의 선글라스를 가져 가는 것이 낫다.   You _____ _____ take your sunglasses.

6   너는 여수에 살곤 했었니?   Did you _____ _____ live in Yeosu?

7   클로이는 트럭을 운전하곤 했다.   Chloe _____ _____ drive a truck.

C. 어법상 올바른 것을 고르세요.

1   너는 잠깐 이야기하는 것이 가능하니?   (Do / Are) you able to talk to me briefly?

2   그녀는 그 책을 찾을 수 있을지 모른다.   She might (is / be) able to find the book.

3   나는 그를 만나고 싶다.   I'd like (meet / to meet) him.

4   너는 공원에 갈래?   Would you like (to go / going) to the park?

5   그녀는 매트한테 전화를 하는 게 낫다.   She (has / had) better call Matt.

6   너는 늦지 않는 게 낫다.   You'd better not (be / is) late.

7   그는 그의 숙제를 하지 않곤 했다.   He (doesn't / didn't) use to do his homework.

이제 be able to, had better, used to, would like(to) 표현을 봐도

당황스럽지 않겠죠?

다음 유닛에서는 많은 분들이 어려워하시는 문법! 수동태를 살펴볼게요.

Unit 24. 수동태의 형태

1. 능동태 vs 수동태

수동태의 개념을 잡으려면,
능동과 수동의 의미부터 파악해야 해요.

능동: 스스로 하는 것

수동: 스스로 하지 않는 것

주어가 스스로 하는 문장은 **능동태**라고 하고요.
주어가 스스로 하지 않는 문장을 **수동태**라고 합니다.

<고딸영문법 1,2>에서 공부한 문장은 모두 능동태였어요.
오늘 배울 문장 패턴이 수동태입니다.

그럼 다음 두 문장을 비교해 볼게요.

1) 스티브 잡스는 아이폰을 고안했다.

2) 아이폰은 스티브 잡스에 의해 고안되었다.

두 문장 다 똑같아 보이죠?
다만, 말하는 방식이 달라요.
주어와 동사에 집중해 보세요!

1) <u>스티브 잡스</u>는 아이폰을 <u>고안했다</u>.
　　주어　　　　　　　　　　동사

2) <u>아이폰</u>은 스티브 잡스에 의해 <u>고안되었다</u>.
　　주어　　　　　　　　　　　　　동사

1) 주어 '스티브 잡스'가
스스로 아이폰을 고안했죠? 그래서 **능동태**

2) 주어 '아이폰'이 스스로 고안한 것이 아니라
스티브 잡스에 의해 고안된 거죠. 그래서 **수동태**

차이점이 보이시나요?

	주어	동사
능동태	스스로 O	~하다
수동태	스스로 X	~되다, ~해지다, ~받다, ~당하다

주어가 스스로 하면 능동태가 되고
주어가 스스로 하지 못하면 수동태가 됩니다.

2. 능동태와 수동태의 형태

영어에서는 능동태와 수동태를 어떻게 표현할까요?
앞 예문을 영어로 바꿔볼게요!

동사 과거형

1) Steve Jobs designed the iPhone.

(스티브 잡스는 아이폰을 고안했다.)

be동사 + 과거분사 + by

2) The iPhone was designed by Steve Jobs.

(아이폰은 스티브 잡스에 의해 고안되었다.)

1) **능동태 문장 형태**는 우리에게 익숙하죠?
주어 Steve Jobs를 쓰고, **동사** design에 과거를 의미하는 ed를 붙였어요~

2) 문장은 이상하게 생겼죠?
이게 바로 수동태의 형태입니다.

수동태
be동사 + 과거분사(p.p.) + by~: ~되다, ~해지다

엄마 ㅠㅠ
수동태랑 친해지기
힘들 것 같아요.

처음에는
누구나 낯설 게
느낄 수밖에 없어.

당황하지 말고 **<be동사 + 과거분사(p.p.) + by>** 형태를
하나씩 자세히 살펴봅시다.

The iPhone was designed by Steve jobs.
(아이폰은 스티브 잡스에 의해 고안되었다.)

① be동사 was
was는 be동사 과거형으로 '~이었다'라는 뜻이죠?

아이폰은 ~였다.

② 과거분사 designed
designed는 동사의 과거형이 아니라 **과거분사형**이에요. [2권 Unit 4]
was(~이었다) + designed(고안된) = 고안되었다

아이폰은 고안되었다.

③ 전치사 by
by는 '~에 의해'라는 뜻이에요. by 다음에 누가 고안했는지를 써줍니다.

아이폰은 스티브 잡스에 의해 고안되었다.

Quiz 1

다음 중 수동태 문장을 고르세요.

① The police arrested the two thieves.

② The two thieves were arrested by the police.

① 그 경찰은 그 두 도둑을 체포했다. 동사 arrest의 과거형 arrested로 쓴 능동태예요.
② 그 두 도둑들은 경찰에 의해 체포되었다. <be동사 + 과거분사(p.p.) + by> 형태가 보이죠?
주어 '그 두 도둑들은' 스스로 체포한 게 아니라 체포된 것이기 때문에 수동태로 썼어요.

정답 ②

예문을 볼게요.

This book was written by Mr. Brown.
(이 책은 브라운 선생님에 의해 집필되었다.)

주어에 있는 '이 책은' 스스로 집필하나요?

아니죠. 브라운 선생님에 의해 집필되었죠?

따라서 **<be동사 + 과거분사(p.p.) + by>** 형태 **수동태**로 썼어요.

write의 3단 변화형은 write – wrote - **written**으로 세 번째 단어가 과거분사입니다.

The card was sent by Luke.
(그 카드는 루크에 의해서 보내졌다.)

초대장은 스스로 보낼 수가 없죠? 루크에 의해 보내졌죠?

그래서 <be동사 + 과거분사(p.p.) + by> 형태로 수동태를 씁니다.

send의 3단 변화형은 send – sent - sent예요.

Quiz 2

다음 주어진 단어를 바르게 배열하여 문장을 완성하세요.

이 집은 나의 할아버지에 의해 지어졌다.
(by my grandfather / was built / this house)

_____

주어 '이 집은'을 먼저 쓰고 수동태
<be동사 + 과거분사(p.p.) + by> 형태로 씁니다.　　　　　　정답 This house was built by my grandfather.

수동태 부정문, 의문문 만드는 법은 간단해요.
be동사 부정문, 의문문 만드는 법을 그대로 적용하면 됩니다.

수동태 부정문은 be동사 뒤에 **not**만 붙이면 됩니다.

수동태 부정문 (~되지 않다, ~해지지 않다)	**be동사 + not + 과거분사**

부정문은 **'~되지 않다 / ~해지지 않다'**로 해석합니다.

수동태 의문문은 be동사를 문장 맨 앞으로 이동하고 물음표를 붙이면 됩니다.

수동태 의문문 (~되니?, ~해지니?)	1단계) be동사를 맨 앞으로 이동! 2단계) 물음표를 끝에 붙이기!

의문문은 **'~되니?, ~해지니?'**로 해석해요.

This picture was painted by Amy.

(이 그림은 에이미에 의해 그려졌다.)

[부정문]
This picture was not painted by Amy.

(이 그림은 에이미에 의해 그려지지 않았다.)

[의문문]
Was this picture painted by Amy?

(이 그림은 에이미에 의해 그려졌니?)

Q. 과거분사형하고 과거형은 어떻게 구분하나요?

A. 과거분사형과 **과거형**은 형태가 같을 때도 있고 다를 때도 있어요.

예를 들어, **taken** 같은 경우는 딱 봐도 **과거분사**지만 (take - took - taken)
made는 **과거형**과 **과거분사형**이 같으니 구분하기 어렵죠? (make - made - made)

이때는 쓰임을 살펴봐야 합니다.

1) 과거형의 쓰임

과거형은 동사 칸에 혼자 쓰고요. '~했다'라는 과거의 뜻을 지닙니다.

> ## I made a cushion.
> (나는 쿠션을 만들었다.)

2) 과거분사형의 쓰임

과거분사는 더 이상 동사가 아닙니다. 동사가 아니라 형용사로 활용돼요.

과거분사는 동사 칸에 동사처럼 혼자 쓸 수 없어요.
have나 be동사에 붙어서 하나의 세트처럼 써요.

have + 과거분사(p.p.) ⇨ 현재완료(과거에 발생해서 현재 이 상태)

> ## I've made a cushion before.
> (나는 전에 쿠션을 만들어본 적이 있다.)

be동사 + 과거분사(p.p.) ⇨ 수동태(~되다 / ~해지다)

> ## This cushion was made by Karen.
> (이 쿠션은 카렌에 의해 만들어졌다.)

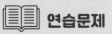

연습문제

Unit 24.

머리에 콕콕

다음 <보기>에서 알맞은 말을 골라 빈칸을 완성해 보세요.

보기	능동태	주어가 스스로 할 때 씀 (뜻: ①_____)
▪ 과거분사		주어 + 동사~.
▪ ~하다	수동태	주어가 스스로 하지 않을 때 씀 (뜻: ~되다, ~해지다)
▪ not		주어 + be동사 + ②_____ (p.p.) + by~.
		[부정문] 주어 + be 동사 + ③_____ + 과거분사(p.p.) + by~.
		[의문문] Be동사 + 주어 + 과거분사(p.p) + by~?

정답 ① ~하다 ② 과거분사 ③ not

문법 Talk

Unit 24.

매일 10문장

[1-4] 다음 문장이 능동태인지 수동태인지 쓰세요.

1. I ate some oranges. _____

2. I was bitten by an ant. _____

3. We sold the house last year. _____

4. The money was donated by Mason. _____

[5-8] 다음 밑줄 친 동사가 과거형인지, 과거분사형이지 고르세요.

5. Peter <u>locked</u> the gate. [과거형, 과거분사형]

6. The noise was <u>made</u> by him. [과거형, 과거분사형]

7. James <u>developed</u> the program. [과거형, 과거분사형]

8. These trees were <u>raised</u> by my mom. [과거형, 과거분사형]

[9-10] 다음 문장의 우리말 뜻을 쓰세요.

9. The book was written by Harry.

_____

10. The dishes were washed by my dad.

_____

[단어] 2. **bite** 물다 **ant** 개미 3. **sold** 팔았다 [**sell** 팔다] 4. **donate** 기부하다 5. **lock** 잠그다 **gate** 대문
6. **noise** 소음 7. **develop** 개발하다 8. **raise** 재배하다 10. **dish** 그릇

[복습] 다음 우리말에 알맞도록 빈칸을 완성하세요.

1. 우리는 지하철을 타는 게 낫다. We _____ _____ take the subway.

2. 너는 늦지 않는 게 낫다. You'd _____ _____ be late.

3. 나는 할리우드 영화를 좋아하곤 했다. I _____ _____ like Hollywood movies.

1. 수동태 주의할 점

수동태를 쓸 때는 과거분사의 형태도 헷갈리지만,
주의할 점이 두 가지나 더 있어요!
함께 살펴볼게요.

첫째, be동사의 형태

수동태 <be동사 + 과거분사(p.p.) + by> 를 쓸 때
be동사는 아무거나 쓰면 안 됩니다!

시제와 주어의 눈치를 보고
적절한 be동사를 써야 해요.

시제 \ 주어	주어 I	주어 you, 복수	3인칭 단수
현재 (~ 되다 / ~해지다)	am	are	is
과거 (~ 되었다 / ~해졌다)	was	were	was

'~되다, ~해지다'라고 **현재시제**를 쓸 때는 **am, are, is**를 쓰고요.
'~되었다, ~해졌다'라고 **과거시제**를 쓸 때는 **was, were**를 씁니다. [2권 Unit 1]

그리고 조동사 뒤에 쓸 때는
동사원형으로 써야 하기 때문에
be동사의 동사원형 be를 써요.

우리는 다
be동사야~

be, am, are, is, was, were

세 가지 예문을 비교해볼게요.

현재시제 be동사 is

1) [현재시제] **This office is used by Tom.**

(이 사무실은 톰에 의해서 사용된다.)

과거시제 be동사 was

2) [과거시제] **This office was used by Tom.**

(이 사무실은 톰에 의해서 사용되었다.)

will + 동사원형

3) [미래시제] **This office will be used by Tom.**

(이 사무실은 톰에 의해서 사용될 것이다.)

세 문장 모두 수동태 문장이지만 시제가 달라요.

1) **'사용된다'** 현재 사용되고 있으니 **현재시제**
2) **'사용되었다'** 과거에 대해 말하니 **과거시제**
3) **'사용될 것이다'** 미래에 대해 말하니 **미래시제**

주어가 This office로 3인칭 단수이니 현재시제일 때는 **is**,
과거시제일 때는 **was**를 썼고요.
will 다음에는 동사원형을 써야 하니 be동사의 동사원형 **be**를 썼어요.

Quiz 1

다음 빈칸에 알맞은 be동사를 고르세요.

This printer can _____ used by students.

(이 프린트기는 학생들에 의해 사용될 수 있다.)

① is　② be

조동사 can 다음에는 동사원형을 써야 합니다. be동사의 동사원형은 be입니다.　　　정답 ②

다음 빈칸에 알맞은 be동사를 고르세요.

The students _____ helped by Ms. Wood.

(학생들은 우드 선생님에 의해 도움을 받았다.)

① was ② were

'받았다'로 과거시제입니다. The students(학생들은)는 복수이기 때문에 복수와 같이 쓰는
be동사 were가 정답입니다.   정답 ②

둘째, by 다음 대명사의 형태

다음 빈칸에 어떤 말을 써야 할까요?

The glass was broken by _____.

(그 유리잔은 그에 의해서 깨졌다.)

그에 의해서?
흠.. he 일까요?

He는 주어의
자리만 써. 힌트!
by는 전치사!

정답은?

The glass was broken by him.

목적격 대명사 him을 썼어요. by가 '~에 의해서'라는 전치사이기 때문에
대명사를 쓸 때는 목적격을 씁니다. [1권 Unit 10]

대명사 쓸 때는 목적격

전치사 + 명사

1. 수동태 주의할 점

문제를 풀어 볼게요.

우리말에 알맞도록 빈칸을 완성해 보세요.

The garden was cleaned by _____.

(그 정원은 그들에 의해 청소되었다.)

주어는 정원(The garden)이고
정원이 스스로 청소하는 것이 아니므로 **수동태**로 썼어요.
<be동사 + 과거분사(p.p.) + by>

by는 **전치사**이기 때문에 '그들'에 해당하는 **목적격 대명사 them**을 쓰면 됩니다.

The garden was cleaned by them.

다음 빈칸에 들어갈 말을 쓰세요.

This bookshelf was made by _____.

(이 책장은 그녀에 의해 만들어졌다.)

① she   ② her

by는 전치사이기 때문에 뒤에 대명사를 쓸 때 목적격을 써야 합니다.
① 그녀는(주격) ② 그녀의(소유격) 또는 그녀를(목적격)입니다.

정답 ②

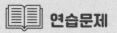

Unit 25.

머리에 콕콕

다음 <보기>에서 알맞은 말을 골라 빈칸을 완성해 보세요.

보기		
• 목적격	주의1) be동사의 형태	시제와 주어에 따라 am, are, is, was, were, ①_____ 를 씀
• be		This office is used by Tom. (이 사무실은 톰에 의해서 사용된다.)
• him	주의2) by + 대명사	by 다음에 대명사를 쓸 때 ②_____을 씀
		The glass was broken by ③_____. (그 유리잔은 그에 의해서 깨졌다.)

정답 ① be ② 목적격 ③ him

문법 Talk

연습문제

Unit 25.

매일 10문장

[1-4] 다음 중 어법상 알맞은 것을 고르세요.

1. The box (was / were) sent by Jack.

2. The work should (is / be) finished by them.

3. The house (was / were) built by my grandfather.

4. These paintings (was / were) drawn by my kids.

[5-8] 다음 <보기>에서 알맞은 표현을 골라 문장을 완성하세요.

보기	• was • he • him • be

5. _____ opened a restaurant.

6. The bus was repaired by _____.

7. The window _____ broken by Kate.

8. These questions should _____ answered by Mike.

[9-10] 다음 우리말에 알맞도록 주어진 단어를 바르게 배열하세요.

9. 이 파스타는 로건에 의해서 요리되었다. (was / cooked / this pasta / by / Logan)

   _____

10. 그 개는 그녀에 의해 씻겨졌다. (by / washed / was / her / the dog)

    _____

[단어] 4. painting 그림 draw 그리다 5. open 열다 6. repair 고치다 8. question 질문 answer 대답하다

Unit 24 복습 TEST

[복습] 다음 중 어법상 알맞은 것을 고르세요.

1. 나는 개미에 의해 물렸다.   I (bit / was bitten) by an ant.

2. 피터는 대문을 잠궜다.   Peter (locked / was locked) the gate.

3. 그 책은 해리에 의해 쓰여졌다.   The book (wrote / was written) by Harry.

Unit 26. 수동태를 쓰는 이유

1. 수동태와 능동태 쓰는 이유 비교

이렇게 어려운 형태의 수동태를 왜 쓰는 걸까요?
수동태를 쓰는 이유를 상황과 함께 살펴볼게요.

여러분이 책상 위에 안경을 두었어요.
그런데 잭이 지나가면서 그 안경을 깨뜨렸어요.

이 사건에 대해서 이야기할 수 있는 방법으로 2가지가 있어요~

1) 잭을 강조하는 방법

2) 안경을 강조하는 방법

영어에서는 어떤 말을 강조하려면, 그 말을 제일 먼저 꺼내면 됩니다.
즉, 주어의 자리에 쓰면 되어요~

1) Jack broke my glasses.

(잭이 나의 안경을 깼다.)

2) My glasses were broken by Jack.

(나의 안경이 잭에 의해서 깨졌다.)

1) 주어 **'잭'**이 스스로 안경을 깼기 때문에 **능동태**로 썼어요.

2) 주어 **'안경'**이 스스로 깨져라! 해서 깨진 게 아니죠?
잭에 의해서 깨졌기 때문에 **수동태**로 썼어요.

이처럼 행동을 하는 자,
즉 "행위자"를 **강조하지 않을 때** 보통 수동태를 씁니다.

수동태 쓰는 이유
행위자를 강조하지 않을 때

또 다른 예문!
선풍기가 고장 났는데 데이브가 고쳤어요.

이 사건에 대해 2가지 방법으로 말할 수가 있겠죠?

---

1) 데이브를 강조하는 방법
2) 선풍기를 강조하는 방법

동사 fix(고치다)를 이용해서 빈칸을 완성해 볼까요?

---

1) Dave _____ the fan.
(데이브가 그 선풍기를 고쳤다.)

2) The fan _____ _____ _____ Dave.
(그 선풍기는 데이브에 의해 고쳐졌다.)

---

1) 데이브를 강조

데이브가 그 선풍기를 고쳤다.

데이브가 스스로 선풍기를 고쳤죠?
능동태 문장 과거시제이니 동사 fix에 ed만 붙이면 됩니다.

Dave fixed the fan.

2) 선풍기를 강조

그 선풍기는 데이브에 의해 고쳐졌다.

선풍기가 스스로 고치는 게 아니라 데이브에 의해서 고쳐졌으니 수동태.
수동태의 형태는 **<be동사 + 과거분사(p.p.) + by>**

주어가 The fan으로 3인칭 단수이죠?
고쳐진 것은 **과거**에 일어난 일이니 be동사는 **was**를 씁니다.
fix의 3단 변화형은 규칙적으로 fix – fixed – **fixed**입니다.

The fan was fixed by Dave.

행위자 데이브는 중요하지 않기 때문에 **by Dave**는 맨 뒤에 썼어요.

2. by 행위자 생략

수동태에서 행동을 누가 했는지 중요하지 않을 때는
<by + 행위자>를 생략해도 됩니다.

보통 행위자가 분명하지 않거나
말할 필요가 없거나 일반적인 사람이 했을 때 생략해요.

<by + 행위자>를 생략하는 경우

by people(사람들에 의해)　　**by us**(우리에 의해)

by them(그들에 의해)　　**by someone**(누군가에 의해)

---

by 다음에 '일반 사람들, 우리, 그들, 누군가'는 특정한 사람이 아니니 자주 생략해요.

예를 들어 볼게요.
'내 지갑이 어제 도난당했어.'라고 말하고 싶어요!
누가 훔쳐 갔는지도 몰라요.

My wallet was stolen yesterday.

(나의 지갑은 어제 도난당했다.)

지갑이 스스로 훔치는 것이 아니라,
훔쳐진 것이기 때문에 수동태로 썼죠!

단, 누가 훔쳐 간 것인지 모르니까 by someone(누군가에 의해)
<by + 행위자>는 생략했어요.

또 다른 예문!

This park was made in 1966.

(이 공원은 1966년에 만들어졌다.)

공원이 스스로 생긴 것이 아니라, 사람들에 의해 만들어졌으니
수동태로 was made라고 썼어요.
단, 누가 만들었는지는 중요하지 않은 정보라서 **by people(사람들에 의해)**
<by + 행위자>는 **생략**했습니다.

Quiz 1

다음 단어를 바르게 배열하여 수동태 문장을 완성하세요.

1) 영어는 많은 나라에서 말해진다.

(is / English / in many countries / spoken)

_____

2) 그 차는 어제 세차 되었다.

(was / washed / the car / yesterday)

_____

1) 영어가 스스로 말하는 게 아니라 사람들에 의해서 말해지니 수동태. 영어를 강조하기 위해서 English부터 쓰고 수동태
형태로 is spoken을 씁니다. 일반적인 사람들에 의해 말해지는 것이기 때문에 <by + 행위자>는 생략되었습니다.
speak(말하다) - spoke - spoken
2) 차가 스스로 세차하는 게 아니라, 세차가 되었죠? 수동태! 차를 강조하기 위해 The car부터 썼어요.
동사는 수동태로 was washed라고 씁니다. 누가 세차를 했는지가 중요하지 않아 <by + 행위자>는 생략했습니다.

정답 1) English is spoken in many countries. 2) The car was washed yesterday.

머리에 콕콕

Unit 26.

다음 <보기>에서 알맞은 말을 골라 빈칸을 완성해 보세요.

보기
- them
- 행위자
- us

수동태를 쓰는 이유	① _____ 를 강조하지 않을 때 씀
<by + 행위자>를 생략하는 경우	by people(사람들에 의해) by ② _____(우리에 의해) by ③ _____(그들에 의해) by someone(누군가에 의해)

정답 ① 행위자 ② us ③ them

문법 Talk

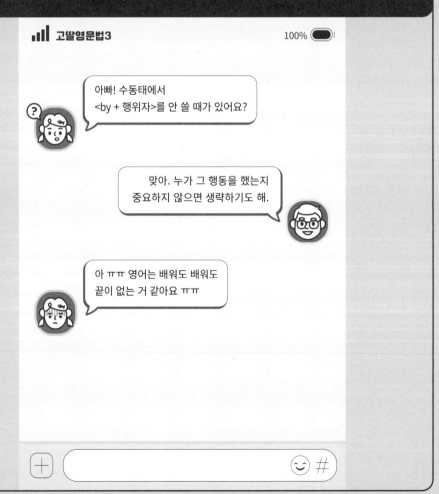

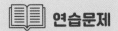

Unit 26.

매일 10문장

[1-4] 다음 중 어법상 알맞은 것을 고르세요.

1. He (deleted / was deleted) the file.

2. The file (deleted / was deleted) by him.

3. Dave (changed / was changed) the curtains.

4. The curtains (changed / were changed) by Dave.

[5-10] 다음 우리말에 알맞도록 주어진 단어를 바르게 배열하세요.

5. 그 책상은 이틀 전에 페인트가 칠해졌다. (was / the desk / painted / two days ago)

   _____

6. 집은 지난 주에 팔렸다. (last week / was / sold / the house)

   _____

7. 대부분 장난감들이 중국에서 만들어 진다. (are / in China / most toys / made)

   _____

8. 소포는 어제 배달 되었다. (the parcel / delivered / was / yesterday)

   _____

9. 아이들은 도서관으로 데려가 졌다. (to the library / taken / were / the kids)

   _____

10. 이 우산이 내 차에서 발견되었다. (found / was / in my car / this umbrella)

   _____

[단어] 1. **delete** 지우다 **file** 파일 5. **paint** 페인트칠하다 7. **toy** 장난감 8. **parcel** 소포 **deliver** 배달하다 10. **umbrella** 우산

Unit 25 복습 TEST

[복습] 다음 중 어법상 알맞은 것을 고르세요.

1. 그 상자는 잭에 의해 보내졌다.   The box (was / were) sent by Jack.

2. 이 그림들은 나의 아이들에 의해 그려졌다.   These paintings (was / were) drawn by my kids.

3. 그 버스는 그에 의해 고쳐졌다.   The bus was repaired by (he / him).

Unit 27. 능동태를 수동태로 바꾸는 연습

> ## "이번 유닛은 시험 준비하는 학생들만 보세요."

능동태를 수동태로 바꾸는 연습을 할 건데요.
실제로 대화를 할 때 능동태를 수동태로 바꾸라는 요청은 들을 일이 없어요.
내가 말하고 싶은 의도 대로, 능동태 또는 수동태를 골라 쓰면 됩니다.

단! 문제는 문법 시험에 자꾸 등장해요.
시험에 나와도 당황하지 않을 수 있는 방법을 소개할게요!

1. 능동태를 수동태로 바꾸기

제일 기본적으로 많이 쓰는 3형식 패턴을 집중 연습해 봅시다.
능동태를 수동태로 바꿔야 한다면,
당황하지 말고, 문장 위에 ❸, ❷, ❶ 번호를 쓰세요.

Amy made this chair.
(Amy는 이 의자를 만들었다.)

무조건 번호를 쓰는 게 아니고요~

> ## 주어 위에 ❸
> ## 동사 위에 ❷
> ## 목적어 위에 ❶

능동태의 ❸, ❷, ❶를
❶, ❷, ❸ 순서로 쓰면 수동태가 됩니다.

차근 차근 연습해볼게요.

[1단계] ❶을 맨 앞으로!

능동태에서 목적어인 ❶단어를 맨 앞으로 이동합니다.

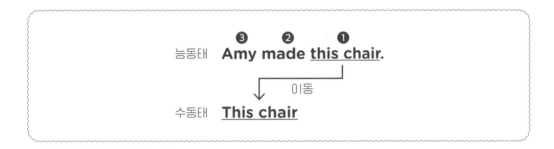

This chair가 주어의 자리로 왔어요.

[2단계] ❷를 'be동사 + 과거분사(p.p.)'로 바꾸기!

❷에 해당하는 동사를 <be동사+과거분사(p.p.)>의 수동태의 형태로 바꿉니다.
be동사 쓸 때 시제와 주어의 눈치를 봐야 하는 것을 잊지 마세요.

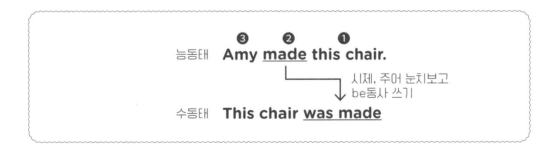

능동태 문장에서 **made**는 '**만들었다**' 과거시제이죠?

수동태에서는 주어인 This chair가 3인칭 단수이므로
be동사는 과거형 **was**를 썼어요.
그다음 make의 과거분사형 **made**를 씁니다.

make의 3단 변화형은 make – made - **made**입니다.

[3단계] by쓰고 ❸을 쓰기

능동태에서는 중요했던 행위자를
수동태에서는 중요하지 않으니 맨 뒤로 보내야겠죠?

능동태   **Amy made this chair.**
           ❸   ❷   ❶

수동태   **This chair was made <u>by Amy</u>.**

by를 쓰고 행위자에 해당하는 ❸ Amy를 써줍니다.

'이 의자는 Amy에 의해서 만들어졌다.'라는
수동태 문장이 만들어졌어요!

수동태 배우다
영어 포기 ㅠㅠ

안 돼!
주어와 목적어
위치를 바꿔 주고,
<be동사 + p.p.>

한 문장 더 연습해 볼까요?
다음 능동태 문장을 수동태로 바꿔 볼게요.

John brought this cake. (존이 이 케이크를 가져왔다.)

능동태 문장 위에 3,2,1번부터 써 두면 안 헷갈리겠죠?

John brought this cake.

주어인 John은 ❸번, 동사인 brought은 ❷번, 목적어인 this cake는 ❶번
수동태로 바꿀 때는 ❶,❷,❸번 순서대로 쓰면 된다고 했어요.

[1단계] ❶을 맨 앞으로!

목적어인 This cake를 주어로 쓰면 됩니다.

[2단계] ❷를 'be동사 + 과거분사(p.p.)'로 바꾸기!

능동태 문장의 brought(가져왔다) 과거시제이죠?
수동태의 주어 This cake가 3인칭 단수이니까
be동사는 과거형 was를 쓰면 됩니다.

bring의 3단 변화형은?
bring(가져오다) - brought - brought

[3단계] by쓰고 ❸을 쓰기

행위자는 중요하지 않으니까 문장 맨 뒤에 쓰면 됩니다.

This cake was brought by John.
(이 케이크는 존에 의해서 가져와졌다.)

그럼 다음 능동태 빈칸에 들어갈 말은 무엇일까요?

능동태 **He opens the shop at 7.**

(그는 가게를 7시에 연다.)

수동태 **The shop ①_____ opened by ②_____ at 7.**

(그 가게는 그에 의해 7시에 열린다.)

능동태 문장의 동사 open에 s가 보이죠? **현재시제**

따라서 수동태도 현재시제로 써 줘야 해요.

주어가 The shop으로 3인칭 단수!

현재시제를 나타내는 be동사 **is**를 씁니다.

by 다음에 대명사를 쓸 때는 목적격으로 him을 써야 합니다.

The shop is opened by him at 7.

Q. 모든 문장을 수동태로 만들 수 있나요?

A. 아니요!

우리 능동태를 수동태로 만들 때, 능동태의 목적어를 수동태의 주어로 만들죠?
능동태 문장에서 목적어가 있는 경우만 수동태로 만들 수 있어요!

그럼 문장의 5형식 중에서 어떤 문장을 수동태로 만들 수 있을까요?

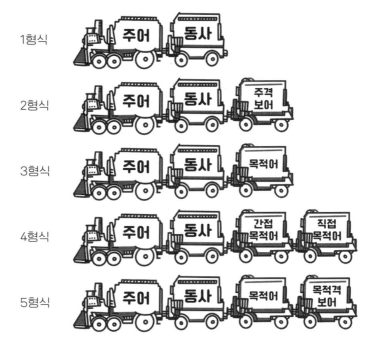

목적어가 있는 **3,4,5형식**만 수동태로 만들 수 있어요.
1,2형식은 목적어가 없어서 수동태로 만들지 못해요.

예를 들어, 2형식 He looks sad. (그는 슬퍼 보인다.)
'~을/를'에 해당하는 대상이 없죠? 그래서 수동태를 만들지 못해요.

우리가 지금까지 ❸, ❷, ❶로 연습한 문장은 3형식이랍니다.

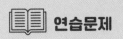 **연습문제**

 Unit 27.

머리에 콕콕

다음 <보기>에서 알맞은 말을 골라 빈칸을 완성해 보세요.

보기
- be동사
- by
- 목적어

❸ ❷ ❶

[능동태] Amy <u>made</u> this chair. (Amy는 이 의자를 만들었다.)

[수동태] This chair <u>was made</u> by Amy. (이 의자는 Amy에 의해 만들어졌다.)

능동태에서 수동태로 전환	1단계 : 능동태의 ①번 ①_____를 맨 앞으로 이동 2단계 : ②번 동사를 '②_____ + 과거분사'로 바꿈 3단계 : ③_____ 다음에 ③번(주어)을 씀

정답 ① 목적어 ② be동사 ③ by

문법 Talk

Unit 27.

매일 10문장

[1-10] 다음 능동태 문장을 수동태로 바꿔 보세요.

1. My dad caught the fly.
_____

2. Kevin cleans the living room.
_____

3. She sent the letter.
_____

4. He will use this computer.
_____

5. My mom grew the lemons.
_____

6. They wrote these stories.
_____

7. He stole the bag.
_____

8. Amy will cook dinner.
_____

9. Emily took this picture.
_____

10. He made the new plan.
_____

[단어] 1. **caught** 잡았다 [**catch** 잡다] 5. **grew** 재배했다 [**grow** 재배하다] 6. **story** 이야기 7. **stole** 훔쳤다 [**steal** 훔치다]
9. **take a picture** 사진을 찍다

Unit 26 복습 TEST

[복습] 다음 주어진 단어를 활용하여 빈칸을 완성하세요.

1. 그 파일은 그에 의해서 삭제되었다.   The file was _____ by him. (delete)

2. 그 집은 지난 주에 팔렸다.   The house was _____ last week. (sell)

3. 그 책상은 이틀 전에 페인트가 칠해졌다.   The desk was _____ two days ago. (paint)

Unit 28. 종합 TEST

A. 다음 문제를 풀어 보세요.

1 다음 중 빈칸에 들어갈 수 있는 것을 고르세요.

> The book was _____
>
> by Dave.

① write   ② writes

③ wrote   ④ written

[2-3] 다음 어법상 알맞은 것을 고르세요.

2 She (closed / was closed) the door.

3 This key (find / was found) by him.

[4-5] 다음 주어진 단어를 활용하여 빈칸을 완성하세요.

4 The work was _____ by Harry. (do)

5 This bag was _____ in China. (make)

6 다음 문장에서 was가 들어갈 곳을 고르세요.

> The plan ① changed ② by ③
> Robert ④ yesterday.

[7-8] 다음 두 문장이 같은 의미가 되도록 빈칸에 알맞은 표현을 고르세요.

7

> Students use the pens.
> = The pens _____ used
> by students.

① am   ② are

③ is   ④ were

8

> He took these photos.
> = These photos _____
> taken by him.

① am   ② are

③ is   ④ were

[9-10] 다음 밑줄 친 부분을 바르게 고쳐 수동태 문장을 다시 쓰세요.

9 The house <u>build</u> in 1970.

→ _____

10 The new hair shop is run by <u>she</u>.

→ _____

B. 다음 주어진 단어를 활용하여 빈칸을 완성하세요.

1 소음은 그에 의해서 만들어졌다.　　　The noise was _____ by him. (make)

2 이 그림들은 나의 아이들에 의해서 그려졌다.　These paintings were _____ by my kids. (draw)

3 그 편지는 그녀에 의해 보내졌다.　　　The letter was _____ by her. (send)

4 아이들은 도서관으로 데려가졌다.　　　The kids were _____ to the library. (take)

5 저녁은 에이미에 의해서 요리될 것이다.　Dinner will be _____ by Amy. (cook)

C. 주어진 단어를 바르게 배열하여 문장을 완성하세요.

1 그 그릇은 나의 아빠에 의해 씻겨졌다. (by my dad / the dishes / washed / were)

_____

2 그 집은 지난 주에 팔렸다. (was / sold / the house / last week)

_____

3 이 질문들은 마이크에 의해서 대답 되어야 한다. (should / answered / by Mike / these questions / be)

_____

4 그 소포는 어제 배달 되었다. (was / yesterday / delivered / the parcel)

_____

5 이 컴퓨터는 그에 의해서 사용될 것이다. (used / this computer / will / by him / be)

_____

우와~ 이제 수동태까지 끝!

3권 마지막 문법은 바로 가정법이에요.

If의 3가지 쓰임부터 살펴봅시다.

1. If의 의도 3가지

If를 떠올리면 머리부터 아프죠?
걱정하지 마세요. 주로 If의 문장 구조는 한 가지로 써요.

If + 주어 + 동사~, 주어 + 조동사 + 동사원형~.

If 다음에 <주어 + 동사>가 있고, 그 다음에 <주어 + 조동사 + 동사>가 있는 구조입니다.

엄마 ㅠㅠ 너무 복잡해요!

If가 주어 동사를 데리고 온다고 생각하면 돼.

If의 쓰임은 딱 3가지만 알아두면 됩니다.

If를 쓰는 이유
1) **현재 고려하고 있는 조건**
2) **현재 불가능한 상상**
3) **과거 불가능한 상상**

각 쓰임 따라 문장의 시제가 달라지는데요.
하나씩 살펴볼게요.

If가 현재 고려하고 있는 조건에 대해서 말할 때
If 다음에 현재시제를 써주면 됩니다.

[현재 조건] 현재 고려하고 있는 일
If + 현재시제

예를 들어 볼게요.

쇼핑을 갔어요. 옷을 살까 말까 고민하고 있는데
옆에서 점원이 말합니다.

지금 그것을 사시면, 15% 할인 받으실 거예요.
If you buy it now, you will get a 15% discount.

현재시제   ~할 것이다

지금 물건을 살지 말지 고민하고 있죠?
따라서 if 다음에 **현재시제**로 **buy**를 썼고요.
'**~할 거예요**' 의미로 조동사 **will**을 썼어요.

[현재 조건] 현재 고려하고 있는 일
If + 주어 + 동사~, 주어 + 조동사 + 동사원형

현재시제   will/can

또 다른 예를 볼게요.

친구가 버스를 탈까 지하철을 탈까 고민하고 있어요.

버스 탈까?
지하철 탈까?

친구에게 여러분이 말을 합니다.

너는 지하철을 타면, 15분 안에 거기에 도착할 수 있어.

'지하철을 타는 것'은 현재 고려하는 일 중 하나이죠?

따라서 If 다음에는 **현재시제**,
뒤에는 '~할 수 있다'는 의미로 조동사 **can**을 쓰면 됩니다.

If you take the subway, you can arrive there within 15 minutes.

현재시제

~할 수 있다

다음 빈칸에 알맞은 말을 고르세요.

If it _____, we'll go out. (눈이 오면 우리는 밖에 나갈 것이다.)

① snows ② will snow

현재 고려하는 일로 If 다음에 현재시제를 씁니다.
주어가 it으로 3인칭 단수이기 때문에 동사 snow에 s를 붙였어요.

정답 ①

또 다른 예를 볼게요.

아침에 자고 있는데 엄마가 말합니다.

일어나!

너 지금 안 일어나면, 학교에 늦을 거야.

'지금 안 일어나면'은 부정문이죠?

현재시제 일반동사 부정문으로 don't get up을 쓰고

뒤에는 '~할 것이다'라는 의미로 조동사 will을 씁니다.

If you don't get up now, you will be late for school.

현재시제 부정문   ~할 것이다

Quiz 2

다음 우리말과 일치하도록 빈칸에 알맞은 말을 고르세요.

If she gets a job, she _____ stay in Korea.

(그녀가 직업을 구하면, 그녀는 한국에 머무를 것이다.)

① can   ② will

'~할 것이다'라는 뜻으로 조동사 will을 씁니다.   정답 ②

또 다른 예를 볼게요.

친구가 내일 무엇을 할 것인지 물어보고 있어요.

> 내일 뭐해?

내일 날씨 좋으면, 난 공원에 갈 거야.

다음 중 올바른 것은 무엇일까요?

If the weather _____ good tomorrow,
I will go to the park.

① is   ② will be

> 내일에 대해 이야기하니까 will을 써야 하는 거 아니에요?

> 아니야. 현재 고려하는 조건은 현재시제.

'내일 날씨 좋으면'은 내일 날씨가 좋을지 안 좋을지 모르는데
현재 고려하고 있는 일 중 하나이죠?
따라서 If 다음에는 **현재시제**를 써야 해요.

If the weather is good tomorrow, I will go to the park.

> 현재시제

> ~할 것이다

엄마,
너무 헷갈려요.

우리말을
떠올려봐.

어렵게 생각하지 말고 우리말로 생각해 보세요.

우리말도 '내일 날씨가 **좋으면**' '내일 일이 일찍 **끝나면**'
모두 내일이지만 조건이니까 현재시제로 썼죠?
영어도 마찬가지.

If the weather is good tomorrow (날씨가 좋으면)

If I finish work early tomorrow (내일 일이 일찍 끝나면)

'내일'에 대해 이야기하지만
If와 함께 현재 고려하는 일이기 때문에 그냥 현재시제로 씁니다.

Quiz 3

다음 빈칸에 알맞은 말을 고르세요.

If it _____ tomorrow, we won't play soccer.

(내일 비가 오면, 우리는 축구를 하지 않을 거야.)

① rains ② will rain

현재 고려하고 있는 조건에 대해서 이야기할 때는 if 다음에 현재시제를 씁니다.

정답 ①

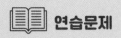 **연습문제**

머리에 콕콕

Unit 29.

다음 <보기>에서 알맞은 말을 골라 빈칸을 완성해 보세요.

보기	개념	특징
▪ will ▪ 현재시제	If + 현재시제	현재 고려하고 있는 조건
		If + 주어 + 동사(①_____)~, 주어 + 조동사(will/can) + 동사원형
		If you buy it now, you ②_____ get a 15% discount. (네가 지금 이것을 사면, 너는 15% 할인 받을 것이다.)

정답 ① 현재시제 ② will

문법 Talk

고딸영문법3 100%

엄마! 가정법 너무 어려워요.

If 다음에 무슨 시제를 쓰는 지에 따라 가정법의 의도가 달라져.

If 다음에 현재시제를 쓰면요?

현재 고려하고 있는 조건을 나타내.

매일 10문장

Unit 29.

[1-6] 다음은 모두 현재 고려하는 조건을 나타내는 문장입니다. 어법상 알맞은 것을 고르세요.

1. If I (finish / finished) late, I'll call you.

2. If you (come / came) early, I can help you.

3. If it (is / will be) cold tonight, we will stay home.

4. If he (need / needs) an umbrella, he can use mine.

5. If you (tell / told) her the truth, she'll be upset.

6. If you (don't / didn't) have time, I will see you next week.

[7-10] 다음 <보기>에서 알맞은 표현을 골라 문장을 완성하세요.

보기	• will send	• will miss	• can go	• will see

7. If I'm late, I _____ you a message.

   (내가 늦으면, 너한테 문자 보낼게.)

8. If you arrive before 6, we _____ shopping together.

   (네가 6시 전에 도착하면, 우리는 함께 쇼핑 갈 수 있다.)

9. If he doesn't leave now, he _____ the school bus.

   (그는 지금 출발하지 않으면, 그는 통학버스를 놓칠 것이다.)

10. If you go to Paris, you _____ Eiffel Tower.

   (네가 파리에 간다면, 너는 에펠 탑을 볼 것이다.)

[단어] 1. **late** 늦게 5. **truth** 진실 **upset** 속상한 7. **message** 메시지 8. **go shopping** 쇼핑하러 가다
  9. **leave** 출발하다 **school bus** 통학버스

[복습] 다음 주어진 단어를 바르게 배열해서 문장을 완성하세요.

1. 그 파리는 나의 아빠에 의해 잡혔다. (was / caught / by / the fly / my dad)

   _____

2. 그 레몬들은 나의 엄마에 의해 재배되었다. (my mom / the lemons / grown / were / by)

   _____

3. 그 가방은 그에 의해 훔쳐졌다. (stolen / the bag / by / was / him)

   _____

1. 현재 불가능한 상상

If의 두 번째 쓰임! 현재 불가능한 일을 상상할 때 If를 씁니다.

지금 당장 고려하고 있는 현실적인 일이 아니라
현재 상황과 반대되는 상상이죠.

이럴 때는 **If** 다음에 뜬금없이 **과거시제**를 씁니다.

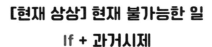

[현재 상상] 현재 불가능한 일
If + 과거시제

If 다음에 과거시제가 있다면
'아하~ 뜬금없는 현재 상상이구나'라고 생각하면 돼요.

예문을 볼게요.

If I won the lottery, I would quit my job.

(내가 복권에 당첨되면 일을 그만 둘 텐데.)

지금 복권에 당첨되었나요? 아니요!
현실은 회사에서 일하고 있어요. 가능성이 매우 낮은 상상이죠.

현실은 복권에 당첨되지 않았고, 일도 하고 있는 상황.

상상이라는 걸 알려야 하기 때문에
뜬금포로 과거시제를 써요.

현재 불가능한 상상
If + 주어 + 동사~, 주어 + 조동사 + 동사원형

과거시제   would/could

If 다음에 win의 과거형 won을 썼고
뒤에는 과거시제와 일치시켜주기 위해서
will의 과거형 would를 썼어요.

'~할 수 있을 텐데'의 의미일 때는
can의 과거형 could를 씁니다.

다음 예문도 봅시다.

지나가다 멋진 자동차를 봤어요. 한 남자가 말합니다.

우와

돈이 충분히 있으면, 자동차를 살 수 있을 텐데.

현실은 자동차를 못 사고 있는 상황.
현재 상황과 반대를 상상하고 있는 거죠?

빈칸에는 어떤 말이 들어갈까요?
have와 buy를 이용해서 문장을 완성해봅시다.

If I ①_____ **enough money, I** ②_____ _____ **a car.** (have, buy)

① **현재의 반대** 상황을 **상상**하는 것이니 과거형으로 씁니다.
have의 과거형은 **had**예요.

② If 다음에 과거형으로 썼으니 여기도 **조동사 과거형**으로 일치!
'살 수 있을 텐데'를 의미하니까 can의 과거형 could로 씁니다.

If I had enough money, I could buy a car.

과거시제

can의 과거형 + 동사원형

could 다음에 동사원형으로 buy를 썼어요.

예문 하나 더 볼게요.

부모님께 진실을 말할까 말까 고민하는 친구에게 다음과 같이 말합니다.

흠.. 어쩌지?

내가 너라면, 그들에게 진실을 말할 텐데.

'**내가 너라면**'에 집중!
내가 네가 될 수 있나요? 불가능하죠.
현재 불가능한 상황을 **가정**해서 말하고 있어요.

빈칸에는 어떤 말이 들어갈까요?

If I ①_____ you, I ②_____ _____ them the truth. (be, tell)

① **현재** 불가능한 일에 대한 **상상**!
'~이다'의 뜻을 가진 be동사의 과거형 **were**를 씁니다.

② If 다음에 과거형으로 썼으니 **조동사도 과거형으로** 일치시켜요.
'말할 거야'라는 뜻이기 때문에 will의 과거형 **would**를 쓰고
뒤에 동사원형 tell을 씁니다.

If I were you, I would tell them the truth.

과거시제   will의 과거형 + 동사원형

If I were가 낯설 게 느껴지죠?

많은 영어권 사람들이 점점 If I was you라고 말하기도 하는데요.
정통 문법에 따르면 **If I were you**가 올바른 문장이에요.

왜?
If 다음에 과거시제를 쓰는 이유가
현재 불가능한 뜬금없는 일이라는 것을 알리기 위한 것이니까
be동사의 과거형이 필요할 땐 was, were 따지지 않고 **were**로 씁니다.

If I were rich

(내가 부자라면)

If I were a bird

(내가 새라면)

모두 현재 불가능한 일을 가정하고 있고
be동사 과거형 **were**를 썼어요.

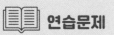

머리에 콕콕

Unit 30.

다음 <보기>에서 알맞은 말을 골라 빈칸을 완성해 보세요.

보기	개념	특징
• could • 과거시제 • 현재	If + 과거시제	① _____ 불가능한 상상
		If + 주어 + 동사(② _____)~, 주어 + 조동사(would/could) + 동사원형
		If I had enough money, I ③ _____ buy a car. (내가 돈이 충분히 있으면, 자동차를 살 수 있을 텐데.)

정답 ① 현재 ② 과거시제 ③ could

문법 Talk

.ıll 고딸영문법3   100% 🔋

엄마! If 다음에 과거시제는 왜 써요?

현재와 반대되는 상상이라는 걸 알리기 위해 뜬금없이 과거시제를 써.

아하!

현재시제를 쓰면 현재 고려하는 조건 과거시제를 쓰면 현재 불가능한 상상!

Unit 30.

매일 10문장

[1-6] 다음은 모두 현재와 반대되는 일을 상상하는 문장입니다. 어법상 알맞은 것을 고르세요.

1. If I (am / were) a millionaire, I would buy a big house.

2. If I (have / had) a garden, I would plant some orange trees.

3. If I (know / knew) his address, I would send him a card.

4. If I had more time, I (will / would) cook.

5. If I were you, I (will / would) take some medicine.

6. If he were taller, he (can / could) play basketball.

[7-10] 다음 문장이 현재 조건인지 현재 상상을 나타내는지 고르세요.

7. If I were rich, I would travel a lot.   [현재 조건, 현재 상상]

8. If I miss the train, I will catch a bus.   [현재 조건, 현재 상상]

9. If I had a bike, I would ride to work.   [현재 조건, 현재 상상]

10. If it's too cold, I will not go swimming.   [현재 조건, 현재 상상]

[단어]   1. **millionaire** 백만장자 2. **plant** 심다 3. **address** 주소
     5. **take medicine** 약을 먹다 10. **go swimming** 수영하러 가다

[복습] 괄호 안의 단어를 활용하여 문장의 빈칸을 완성해 보세요.

1. 내가 늦으면, 너한테 문자 보낼게.

   If I _____ late, I will send you a message. (be)

2. 오늘 밤에 추우면, 우리는 집에 있을 거야.

   If it _____ cold tonight, we will stay home. (be)

3. 네가 그녀에게 진실을 말하면, 그녀는 속상할 것이다.

   If you _____ her the truth, she'll be upset. (tell)

Unit 31. If + 과거완료시제

1. If + 과거완료

여러분은 과거를 후회할 때가 있나요?
살다 보면 종종 과거에 대한 미련이 생기죠.

공부를 더 많이
했더라면...

내가 공부를 더 많이 했더라면, 시험에 합격했을 텐데.

과거에 공부를 열심히 안 했고
시험에 불합격했어요.

문장을 어떻게 만들까요?
과거에 대한 반대되는 상상을 할 때는
If 다음에 **과거완료**시제를 쓰면 됩니다.

[과거 상상] 과거의 불가능한 일
If + 과거완료

엄마, 과거완료는
또 뭐예요?

현재완료가
have p.p. 이지?
have만 had로
바꾸면 돼.

1. If + 과거완료

과거완료는
과거보다 더 이전에 일어난 시제를 의미할 때 주로 써요.
형태는 <had + 과거분사(p.p.)>예요.

과거완료: had + 과거분사(p.p.)

그럼 영어 문장을 확인해 볼게요.

① 과거완료   ② would have + p.p.

If I had studied more, I would have passed the exam.

(내가 공부를 더 많이 했더라면, 시험에 합격했을 텐데.)

① 과거 상황과 반대되는 상상이니까
과거완료시제 **had + 과거분사(p.p.)**로 썼어요.

② If 다음에 과거완료를 썼으니 뒷부분도 **조동사**를 쓰고 과거완료를 써야 해요.
그런데 조동사 다음에는 동사원형을 써야 하니 had가 아닌 **have**를 써서
<조동사(would, could 등) + have + 과거분사(p.p.)>로 씁니다.

조동사 + had + 과거분사(p.p.) (X)
조동사 + have + 과거분사(p.p.) (O)

<조동사 + have + p.p.>의 형태를 기억하세요.

[과거 상상] 과거의 불가능한 일 상상
If + 주어 + 동사 ~, 주어 + 조동사 + 동사

과거완료   would/could   have + p.p.

다음 빈칸에 알맞은 말을 고르세요.

If I had listened to my mother, I wouldn't _____ a cold.

(내가 엄마 말을 들었더라면, 감기에 걸리지 않았을 텐데.)

① caught　② have caught

If 과거완료 시제로 쓸 때는 뒤에 <조동사 + have + 과거분사(p.p.)> 형태로 씁니다.　　　정답 ②

얼마 전에 친구들과 축구하려고 했는데 몸이 아파서 못 했어요.
오늘 한 친구를 만나서 이야기합니다.

① 과거완료 부정　　② would have + p.p.

If I had not been sick, I would have played soccer.

(내가 아프지 않았다면, 나도 축구했을 텐데.)

① '아프다'는 영어로 be sick 이죠?
과거완료 형태는 had 다음에 be의 과거분사형(p.p.)인 been을 씁니다.

be동사 3단 변화형은 be – was / were – **been** 이에요.

이때 '아프지 않았다면'으로 부정의 의미가 들어있으니
had 뒤에 not을 붙였어요.

~하지 않았더라면 : <u>had not</u> 과거분사(p.p.)
hadn't

② would 다음에 **have + p.p.**의 형태로 써줍니다.
play의 3단 변화형은 규칙적이에요. play – played – **played**

연습을 해볼게요.

얼마 전에 핸드폰을 잃어버려서
친구한테 연락을 못했어요.

미안해! 내가
폰을 잃어버려서

내가 핸드폰을 잃어버리지 않았더라면, 너한테 전화했을 텐데.

과거 일에 대한 반대 상상이에요.
빈칸에 어떤 말을 쓸까요?
lose와 call을 이용해 보세요.

If I ①_____ _____ my phone,

I would ②_____ _____ you. (lose, call)

If 다음에 과거 일에 대한 부정 상상이라는 것을 보여줘야 하니
과거완료 부정으로 **had not + 과거분사(p.p.)**를 쓰고
뒤에는 **would + have + 과거분사(p.p.)**를 씁니다.

① '잃어버리다' lose의
3단 변화형은 lose – lost - **lost**예요.

② '전화화다' call의 3단 변화형은 규칙적이에요.
call – called – **called**

If I hadn't lost my phone, I would have called you.

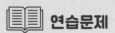
머리에 콕콕 | Unit 31.

다음 <보기>에서 알맞은 말을 골라 빈칸을 완성해 보세요.

보기	개념	특징
▪ 과거 ▪ have ▪ had ▪ 과거완료시제	If + 과거완료시제	① _____ 불가능한 상상
		If + 주어 + 동사(② _____)~, 주어 + 조동사(would/could) + have + p.p.
		If I ③ _____ studied more, I would ④ _____ passed the exam. (내가 공부를 더 많이 했더라면, 시험에 합격했을 텐데.)

정답 ① 과거 ② 과거완료시제 ③ had ④ have

문법 Talk

Unit 31.

매일 10문장

[1-6] 다음은 모두 과거와 반대되는 일을 상상하는 문장입니다. 어법상 알맞은 것을 고르세요.

1. If we (took / had taken) the subway, we would have arrived on time.

2. If you (came / had come) to the party, you would have met James.

3. If I (had / had had) time, I would have driven.

4. If I had listened to you, I wouldn't (have / had) wasted time.

5. If I had learned French, I would have (got / gotten) the job.

6. If I had known the problem, I would have (talk / talked) to the boss.

[7-10] 주어진 단어를 활용하여 빈칸을 완성하세요.

7. If you ＿＿＿＿ ＿＿＿＿ me, I would ＿＿＿＿ ＿＿＿＿ you. (ask, help)

8. If she ＿＿＿＿ ＿＿＿＿ at work, I would ＿＿＿＿ ＿＿＿＿ her. (be, see)

9. If I ＿＿＿＿ ＿＿＿＿ the files, I wouldn't ＿＿＿＿ ＿＿＿＿ them. (save, lose)

10. If it ＿＿＿＿ ＿＿＿＿ ＿＿＿＿, we would ＿＿＿＿ ＿＿＿＿ more places. (not snow, visit)

[단어] 1. **on time** 제시간에 4. **waste** 낭비하다 5. **learn** 배우다 6. **boss** 상사 9. **save** 저장하다 **lose** 잃다
10. **snow** 눈이 오다

[복습] 다음 주어진 단어를 활용하여 빈칸을 완성하세요.

1. 내가 너라면, 나는 약을 먹을 것이다.

   If I ＿＿＿＿ you, I would take some medicine. (be)

2 내가 자전거를 가지고 있다면, 나는 회사에 타고 갈 텐데.

   If I ＿＿＿＿ a bike, I would ride to work. (have)

3. 내가 부자라면, 나는 여행을 많이 다닐 텐데.

   If I were rich, I ＿＿＿＿ travel a lot. (will)

1. If 가정법 용법 비교

우리가 지금까지 공부한 If의 3가지 의도를 비교해 볼게요.

> **1) If + 현재 → 현재 고려하고 있는 조건**
> **2) If + 과거 → 현재 상상**
> **3) If + 과거완료 → 과거 상상**

2), 3)번은 상상하는 내용이니 터무니없이 한 시제 앞으로 쓴다고 기억하면 됩니다.
현재 상상이면 **과거시제**로
과거 상상이면 **과거완료시제**로!

그럼 다음 문장은
현재 조건, 현재 상상, 과거 상상 중에 무엇일까요?

> **If it hadn't rained, we could have gone to the park.**
> ① 현재 조건   ② 현재 상상   ③ 과거 상상

'비가 오지 않았더면, 우리는 공원에 갔을 텐데.'
정답은 ③ 과거 상상이에요. 과거에 비가 왔고, 공원에 못 갔어요.
과거 상상으로 if 다음에 과거완료를 썼고요,
could 다음에 have + 과거분사(p.p.)를 쓴 것도 확인하세요.

아래 예문을 통해 If의 3가지 의도를 자세히 비교해 볼게요.

1) If I meet her

2) If I met her

3) If I had met her

모두 If로 시작하지만 뒤에 나오는 동사의 시제가 다르죠?

1) '내가 그녀를 만나면(현재 조건)'

If 다음에 **meet**으로 현재시제를 썼어요.

그럼 **현재 고려하고 있는 조건**이에요.

내가 정말 그녀를 만날 가능성이 있을 때 써요.

2) '내가 그녀를 만난다면(현재 상상)'

If 다음에 **met**으로 과거시제를 썼어요.

현재 상황과 **반대되는 상상**이에요.

그녀를 만나는 건 현재 불가능한 일이에요.

3) '내가 그녀를 만났더라면(과거 상상)'

If 다음에 **had met**으로 과거완료시제를 썼어요.

과거와 **반대**되는 상황이에요.

과거에 그녀를 못 만났어요.

다음 세 문장 빈칸을 완성해 볼까요?

1) **If I see him, I _____ give this book to him.**

(내가 그를 보면, 이 책을 그에게 줄게.)

2) **If I had a garden, I _____ plant some apple trees.**

(내가 정원이 있다면, 사과나무를 심을 텐데.)

3) **If I had known your phone number, I _____ _____ called you.**

(내가 너의 전화번호를 알았더라면, 나는 너에게 전화했을 텐데.)

1) If 다음에 see로 **현재시제**를 썼으니 **현재 조건**이에요.
뒤에는 주로 **조동사 will**이나 **can**을 쓰는데
의미상 '할 것이다'라는 뜻이니 will을 씁니다.

실제 곧 그를 볼 가능성이 높아요.

1) **If I see him, I will give this book to him.**

2) If 다음에 had로 **과거시제**를 썼으니 **현재 상상**이에요.
뒤에는 **조동사 would**나 **could**를 쓰는데요.
'~할 텐데'라는 뜻으로 would를 씁니다.

현재 정원이 없어요. 현실과 **반대되는 상상**이에요.

2) **If I had a garden, I would plant some apple trees.**

3) If 다음에 had known으로 **과거완료시제**를 썼죠?
따라서 뒤에는 <would/could + have + p.p.> 형태로 써요.

과거에 전화번호를 몰랐고, 전화도 하지 않았어요.
그러니 **과거와 반대되는 상상**이에요.

3) **If I had known your phone number, I would have called you.**

 **심화학습**

Q. 혼합 가정법은 또 뭐예요?

A. 혼합 가정법 과거를 상상하지만, 그 결과를 현재 상황 상상으로 말할 때 써요.
'(과거에) 이랬더라면, (현재) 이럴 텐데.'라는 뜻으로
과거와, 현재가 혼합되어 있으니 **혼합 가정법**이라 합니다.

혼합 가정법: 과거 상상 + 현재 결과 상상

혼합 가정법의 형태는
'과거에 이랬더라면'은 과거 상황과 반대되는 상상이기 때문에 **'If + 과거완료'**로 쓰고요.
'현재 이럴 텐데'는 현재 상황과 반대되는 상상이기 때문에
조동사 과거형 **would와 동사원형**으로 씁니다.

혼합 가정법 형태: If + 과거 완료, would + 동사원형

If I had studied harder, I would **be** a doctor now.
(내가 공부를 더 열심히 했더라면, 나는 지금 의사가 되어 있을 텐데.)

'공부를 더 열심히 했더라면'은 과거에 반대되는 상상으로
If 다음에 과거완료로 had p.p.를 썼어요.

'나는 지금 의사가 되어 있을 텐데'는 지금 의사가 아닌 현재 반대되는 상상이라서
would 다음에 동사원형을 썼어요.

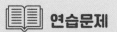

Unit 32.

머리에 콕콕

다음 <보기>에서 알맞은 말을 골라 빈칸을 완성해 보세요.

보기
- meet
- 현재
- had met

표현	개념	예문
If + 현재시제	현재 고려하고 있는 조건	If I ① _____ her (내가 그녀를 만나면)
If + 과거시제	② _____ 불가능한 상상	If I met her (내가 그녀를 만난다면)
If + 과거완료시제	과거 불가능한 상상	If I ③ _____ her (내가 그녀를 만났더라면)

정답 ① meet ② 현재 ③ had met

문법 Talk

고딸영문법3   100%

현재 고려하는 조건을 말할 때는?

If 다음에 현재시제를 써요.

현재와 반대되는 상상을 말할 때는?

If 다음에 과거시제를 써요.

과거와 반대되는 상상일 때는?

If 다음에 과거완료시제요!

짝짝짝! 이제 If 가정법 끝~!

매일 10문장

Unit 32.

[1-4] 다음 문장을 보고 현재 조건, 현재 상상 또는 과거 상상인지 쓰세요.

1. If you don't come now, I will go home first. _____

2. If I were you, I would buy that computer. _____

3. If I didn't have a headache, I would go to see a movie. _____

4. If I hadn't been sick, I would have been there. _____

[5-10] 다음 주어진 단어를 활용하여 빈칸을 완성하세요.

5. If it _____, I won't go to the library. (rain)

6. If I _____ you, I would stay home. (be)

7. If I _____ enough money, I would buy the bag. (have)

8. If I _____ _____ early, I would have watched the show. (arrive)

9. If I had known that, I would _____ _____ him. (visit)

10. If he had come here, he would _____ _____ her. (see)

[단어] 3. **headache** 두통 8. **show** 공연

[복습] 다음 주어진 단어를 활용하여 빈칸을 완성하세요.

1. 내가 시간이 있었더라면, 나는 운전을 했었을 텐데.

   If I _____ _____ time, I would have driven. (have)

2. 내가 너의 말을 들었더라면, 나는 시간을 낭비하지 않았을 텐데.

   If I _____ _____ to you, I wouldn't have wasted time. (listen)

3. 네가 나에게 물어봤더라면, 나는 너를 도와줬을 텐데.

   If you _____ _____ me, I would have helped you. (ask)

Unit 33. I wish 가정법

1. I wish 주어 + 동사

우리 이제까지 If가 들어간 가정법에 대해 살펴보았는데요.

If 말고도 또 다른 방법으로 가정법을 만들 수 있어요.

오늘은 **I wish**를 사용하는 법을 공부해 봅시다.

I wish 다음에 **주어와 동사를** 쓰면

현실과 반대되는 일을 소망할 수 있어요.

I wish + 주어 + 동사

단, 현재와 반대되는 소망을 할 때와

과거와 반대되는 소망을 할 때 시제가 달라요.

현재와 반대되는 소망: ~라면 좋을 텐데

I wish + 주어 + 과거시제

과거와 반대되는 소망: ~했더라면 좋았을 텐데

I wish + 주어 + 과거완료시제

현재와 반대되는 일을 상상하면 과거시제와 쓰고

과거와 반대되는 일을 상상하면 과거완료시제와 써요.

오호 If랑 비슷하네요?
현재와 반대이면
과거시제

맞아!
과거와 반대이면
과거완료시제

예문 적용해볼게요.

내가 백만장자라면 좋을 텐데.

현실에서는 백만장자가 아니에요. 그러니 현재 모습과 반대되는 상상!

I wish I were a millionaire.

현재 상상이란 티를 내야 하니까
I wish 다음에 be동사 과거형 were를 썼어요.

또 다른 예문을 볼게요.

내가 하늘을 날 수 있으면 좋을 텐데.

현실은 날 수 있나요? 아니죠.
현재와 반대되는 소망! 빈칸에 어떤 말을 쓸까요?

I wish I _____ fly. (can)

현재 상상이니까 과거형으로 써야겠죠? can의 과거형 could를 씁니다.

I wish I could fly.

다음 빈칸에 알맞은 말을 고르세요.

I wish I _____ a brother. (나에게 형이 있으면 좋을 텐데.)

① have   ② had

현재와 반대 상황을 소망할 때는 I wish 주어 다음에 과거시제를 씁니다.
have의 과거형은 had입니다.   정답 ②

2. I wish + 과거완료시제

이번에는 과거와 반대되는 일을 소망할 때 말하는 방법을 연습해 볼게요.

뉴스에서 주식 부자들 소식을 봤어요!

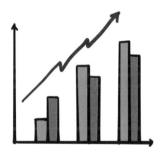

내가 그 주식을 샀더라면 좋았을 텐데.

과거에 그 주식 사지 않았어요!
과거와 반대되는 소망이니까 **과거완료(had + p.p.)**와 씁니다.

I wish I had bought that stock.

2. I wish + 과거완료시제

Quiz 2

빈칸에 알맞은 말을 고르세요.

내가 20대였을 때 그것을 알았더라면 좋았을 텐데.

I wish I _____ that in my 20s.

① know　② had known

과거와 반대되는 일을 소망할 때는 I wish 다음에 주어 + 과거완료(had + p.p.)를 씁니다.　정답 ②

또 다른 예문!
낮에 케이크를 너무 많이 먹어서 배가 아파요.

내가 케이크를 너무 많이 먹지 않았더라면 좋았을 텐데.

이미 먹었지만,
과거와 반대 상황을 상상하는 거죠?

I wish I hadn't eaten too much cake.

과거와 반대되니 뜬금없이
한 시제 앞으로 **과거완료(had + p.p.)**의 형태를 써야 합니다.

여기에서 '먹지 않았더라면'하고 **부정**의 의미가 있기 때문에
had 다음에 **not**만 붙이면 되어요.

머리에 콕콕

Unit 33.

다음 <보기>에서 알맞은 말을 골라 빈칸을 완성해 보세요.

보기	I wish + 과거시제	① _____ 와 반대되는 일 소망: ~라면 좋을 텐데
• had • 현재 • 과거		I wish I were a millionaire. (내가 백만장자라면 좋을 텐데.)
	I wish + 과거완료시제	② _____ 와 반대되는 일 소망: ~했더라면 좋았을 텐데
		I wish I ③ _____ bought that stock. (내가 그 주식을 샀더라면 좋았을 텐데.)

정답 ① 현재 ② 과거 ③ had

문법 Talk

매일 10문장

Unit 33.

[1-3] 현재와 반대되는 소망을 할 때 빈칸을 완성하세요.

1. I wish they _____ here. (be)

2. I wish I _____ more money. (have)

3. I wish I _____ drive. (can)

[4-7] 과거와 반대되는 소망을 할 때 빈칸을 완성하세요.

4. I wish he _____ _____ early. (come)

5. I wish you _____ _____ the truth. (know)

6. I wish I _____ _____ the house. (buy)

7. I wish you _____ not _____ that. (do)

[8-10] 다음 주어진 단어를 바르게 배열하여 문장을 완성하세요.

8. (현재) 내가 춤을 잘 출 수 있으면 좋을 텐데. (I / could / I / wish / dance well)

   _____

9. (현재) 내가 차가 있으면 좋을 텐데. (I / had / a car / wish / I)

   _____

10. (과거에) 네가 약속을 지켰으면 좋았을 텐데. (you / your promise / wish / I / had kept)

   _____

[단어] 5. **truth** 진실 10. **keep** 지키다 **promise** 약속

[복습] 보기 안의 단어를 활용하여 문장의 빈칸을 완성해 보세요.

보기	• will • have • would

1. 네가 지금 오지 않으면, 나는 먼저 집에 갈 것이다. If you don't come now, I _____ go home first.

2. 내가 너라면, 나는 집에 있을 것이다. If I were you, I _____ stay home.

3. 내가 그걸 알았더라면, 나는 그를 방문했을 텐데. If I had known that, I would _____ visited him.

Unit 34. as if 가정법

1. as if의 쓰임

as if를 이용해도 가정법을 만들 수 있어요.

as if: 마치 ~인 척

'마치 ~인 척'이란 뜻으로 사실과 반대되는 행동을 묘사하는데 씁니다.

주어 + 동사(현재시제) + as if 구조에서
as if 다음에 어떤 시제를 쓰는지에 따라 쓰임이 달라지는데요.
현재와 반대이면 as if 다음에 **과거시제**를 쓰고
과거와 반대이면 as if 다음에 **과거완료시제**를 씁니다.

현재에 마치 ~인 척: as if + 과거시제
과거에 마치 ~였던 척: as if + 과거완료시제

앞에서 배운 If와 wish 가정법과 원칙은 같아요.
사실이 아니라 현실과 반대되는 상황이므로 뜬금없이 **한 단계 이전 시제**로 씁니다.

2. as if + 과거시제

언니가 잔소리를 너무 많이 해요.

게임 그만하고
방 청소 해.

언니는 마치 엄마인 것처럼 말해.
She talks as if she were my mom.

언니는 엄마가 아닌데, 엄마처럼 말하죠? **현실과 반대**되는 언니의 모습을 묘사하고 싶어요.
as if 다음에 뜬금없이 **과거시제**로 be동사 과거형 were를 썼어요.

현재에 마치 ~인 척: as if + 과거시제

2. as if + 과거시제

또 다른 예문! 여기 잘난 척을 잘하는 친구가 있어요.

너 이거 몰라?

그는 마치 (현재) 모든 것을 다 아는 것처럼 말해.

사실 세상 모든 것을 다 아는 것은 아니죠~ 현실과 반대되는 상황을 묘사하고 싶어요.
빈칸에 어떤 말을 쓸까요?

He talks as if he _____ everything. (know)

현재 사실이 아니라 그러는 척하는 거니까
as if 다음에 뜬금없이 know의 과거형 knew를 씁니다.

He talks as if he knew everything.

Quiz 1

다음 우리말과 일치하도록 빈칸에 알맞은 말을 고르세요.

그녀는 마치 여왕인 것처럼 행동한다.

She acts as if she _____ a queen.

① is ② were

현재 사실과 반대의 상황을 이야기할 때는 as if 다음에 과거시제로 씁니다.
가정법에서는 be동사 과거형은 were로 씁니다.

정답 ②

이번에는 과거사실과 반대로
'마치 ~였던 척' 한다는 쓰임을 연습해 볼게요!

영국에서는
말이야~

그녀는 마치 (과거에) 영국에서 살았던 것처럼 말해.

She talks as if she had lived in England.

사실은 과거에 영국에 살지 않았어요.
그런데 마치 과거에 영국에 있었던 것처럼 이야기하는 상황이에요.

과거 사실과 반대되는 행동이기 때문에
as if 다음에 과거완료(had + p.p.)를 썼어요.
lived의 3단 변화형은
규칙적이기 때문에 live – lived - **lived**입니다.

과거에 마치 ~였던 척: as if + 과거완료시제

현재
'~인 척'이면
as if + 과거시제

과거 '~였던 척'이면
as if + 과거완료시제

3. as if + 과거완료시제

여기 한 회사원이 있어요.

내가 이거 다 하느라 맨날 야근했어.

다른 팀원들과 함께 한 일을 마치 혼자 다 한 것처럼 생색내고 있어요.

빈칸에 어떤 말을 쓸까요?

그는 마치 (과거에) 일을 혼자 다 했던 것 처럼 말한다.

He talks as if he _____ _____ all the work himself. (do)

혼자 일했던 것 절대 아니에요.

과거 사실과 반대되는 상상!

과거 사실과 반대되는 행동을 묘사하니 과거완료(had + p.p.)를 쓰면 되겠죠?

He talks as if he had done all the work himself.

do의 3단 변화형은 do – did – **done**이에요.

Quiz 2

다음 우리말과 일치하도록 빈칸에 알맞은 말을 고르세요.

그는 마치 (과거에) 부자였던 것처럼 말한다.

He talks as if he _____ rich.

① is ② had been

과거 사실과 반대로 말할 때는 as if 다음에 과거완료시제(had + p.p.)를 씁니다.   정답 ②

Q. She looks as if she knows the answer.
이 문장에는 왜 as if 다음에 왜 knows라고 현재시제를 썼나요?

A. as if 다음에 현재시제를 쓰면 현실과 반대상황이 아니라 가능성 높은 추측을 의미해요.

다음 세 문장을 비교해 볼게요.

> **1)** **She looks as if she knows the answer.**
> **2)** **She looks as if she knew the answer.**
> **3)** **She looks as if she had known the answer.**

1) '그녀는 답을 아는 것처럼 보여.'
as if 다음에 **현재시제**를 썼죠? 현재 그녀가 답을 알 **가능성이 높을 때** 써요.

2) '그녀는 마치 답을 아는 것처럼 보여. (실제로는 모르면서)'
as if 다음에 **과거시제**를 썼죠? 그녀가 현재 답을 알 가능성이 매우 낮아요.
현재 상황과 반대 사실임을 보여주기 위해 과거시제로 썼어요.

3) '그녀는 마치 답을 알았던 것처럼 보여. (과거에 몰랐으면서)'
as if 다음에 **과거완료시제**를 썼어요. 과거에 답을 몰랐지만, 알았던 것처럼 보이니까
과거 반대 상상이에요.

이처럼 as if 다음에 어떤 시제를 쓰는지에 따라 의미가 달라집니다.

> **as if + 현재 ➡ 가능성 높은 일**
> **as if + 과거 ➡ 현재 반대**
> **as if + 과거완료 ➡ 과거 반대**

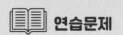

머리에 콕콕

Unit 34.

다음 <보기>에서 알맞은 말을 골라 빈칸을 완성해 보세요.

보기
▪ 과거
▪ had
▪ 현재

as if + 과거시제	① _____ 마치 ~인 것처럼
	She talks as if she were my mom. (그녀는 마치 엄마인 것처럼 말한다.)
as if + 과거완료시제	② _____에 마치 ~였던 것처럼
	She talks as if she ③ _____ lived in England. (그녀는 영국에서 살았던 것처럼 말한다.)

정답 ① 현재 ② 과거 ③ had

문법 Talk

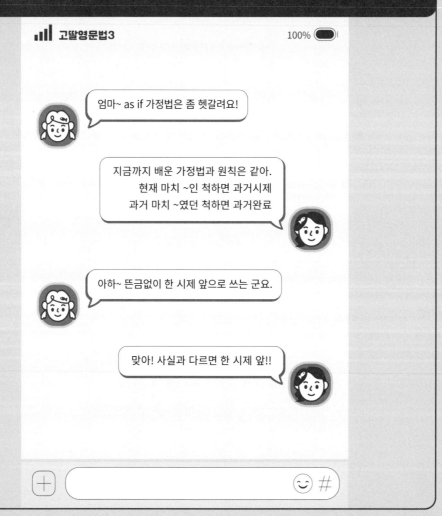

고딸영문법3 100%

엄마~ as if 가정법은 좀 헷갈려요!

지금까지 배운 가정법과 원칙은 같아.
현재 마치 ~인 척하면 과거시제
과거 마치 ~였던 척하면 과거완료

아하~ 뜬금없이 한 시제 앞으로 쓰는 군요.

맞아! 사실과 다르면 한 시제 앞!!

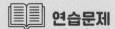

Unit 34.

매일 10문장

[1-3] 현재와 반대되는 사실을 가정할 때 다음 빈칸을 완성하세요.

1. She talks as if she _____ a child. (be)

2. He acts as if he _____ a lot of money. (have)

3. She talks as if she _____ you. (know)

[4-7] 과거와 반대되는 사실을 가정할 때 다음 빈칸을 완성하세요.

4. He talks as if he _____ _____ exam. (pass)

5. She acts as if she _____ _____ the game. (win)

6. He acts as if he _____ _____ there. (be)

7. She talks as if she _____ _____ all the food. (cook)

[8-10] 다음 주어진 단어를 바르게 배열하여 문장을 완성하세요.

8. 그는 마치 (현재) 선생님인 것처럼 행동한다. (as if / a teacher / he / were)

He acts _____

9. 그녀는 마치 (과거에) 그 영화를 봤던 것처럼 말한다. (had watched / the movie / as if / she)

She talks _____

10. 그는 마치 (과거에) 그 책을 읽었던 것처럼 말한다. (had read / he / as if / the book)

He talks _____

[단어] 4. **pass** 합격하다 **exam** 시험 5. **win** 이기다

Unit 18 복습 TEST

[복습] 괄호 안의 단어를 활용하여 문장의 빈칸을 완성해 보세요.

1. (현재) 여기에 그들이 있으면 좋을 텐데.　　　　I wish they _____ here. (be)

2. (과거에) 내가 그 집을 샀으면 좋았을 텐데.　　　I wish I _____ _____ the house. (buy)

3 (과거에) 네가 그것을 하지 않았더라면 좋았을 텐데.　I wish you _____ not _____ that. (do)

A. 다음 문제를 풀어 보세요.

[1-3] 다음 중 어법상 알맞은 것을 고르세요.

1 If I (am / were) you, I would study Chinese.

2 If I (went / go) to Australia, I will visit the Sydney Opera House.

3 If we (had had / will have) more time, we would have watched the movie.

[4-6] 다음 중 빈칸에 들어갈 수 있는 것을 고르세요.

4
If it _____ tomorrow, I won't drive.

① rain ② rains

③ rained ④ will rain

5
If I had enough money, I _____ a new phone.

① buys ② bought

③ will buy ④ would buy

6
If I _____ early, I wouldn't have missed the flight.

① will leave ② leaves

③ left ④ had left

7 다음 중 밑줄 친 부분이 어법상 잘못된 것을 고르세요.

① If I finish late, I won't <u>go</u> to the bookstore.

② If I had a car, I would <u>travel</u> more.

③ If I find the jacket in a smaller size, I will <u>have bought</u> it.

④ If I had played the guitar well, I could <u>have joined</u> the band.

8 다음 중 빈칸에 were을 쓸 수 <u>없는</u> 문장을 고르세요.

① If I _____ rich, I would help the poor.

② If I _____ you, I would go to England.

③ If I _____ not busy, I will go to the concert.

④ If she _____ taller, she would play basketball.

[9-10] 다음 중 <보기>의 우리말을 영어로 바르게 옮긴 것을 고르세요.

9
<보기> 그녀는 마치 (과거에) 그를 못 봤던 것처럼 말한다.

① She talks as if she doesn't see him.

② She talks as if she not seen him.

③ She talks as if she had seen him.

④ She talks as if she hadn't seen him.

10
<보기> 그가 (과거에) 그것을 말하지 않았더라면 좋았을 텐데.

① I wish he had said that.

② I wish he hadn't said that.

③ I wish he didn't say that.

④ I wish he doesn't say that.

B. 다음 주어진 단어를 활용하여 빈칸을 완성하세요.

1 내가 늦으면 너한테 문자 보낼게. (현재 조건)

If I'm late, I ＿＿＿＿＿＿ ＿＿＿＿＿＿ you a message. (send)

2 그는 지금 출발하지 않으면, 그는 통학버스를 놓칠 것이다. (현재 조건)

If he ＿＿＿＿＿＿ ＿＿＿＿＿＿ now, he will miss the school bus. (leave)

3 내가 더 시간이 있다면, 나는 요리할 텐데. (현재 상상)

If I ＿＿＿＿＿＿ more time, I would cook. (have)

4 내가 기차를 놓치면, 나는 버스를 탈 것이다. (현재 조건)

If I ＿＿＿＿＿＿ the train, I will catch a bus. (miss)

5 그녀가 회사에 있었더라면, 나는 그녀를 봤었을 텐데. (과거 상상)

If she ＿＿＿＿＿＿ ＿＿＿＿＿＿ at work, I would have seen her. (be)

6 내가 너였더라면, 나는 저 컴퓨터를 살 텐데. (현재 상상)

If I ＿＿＿＿＿＿ you, I would buy that computer. (be)

7 내가 두통이 없었더라면, 나는 영화를 보러 갈 텐데. (현재 상상)

If I ＿＿＿＿＿＿ ＿＿＿＿＿＿ a headache, I would go to see a movie. (have)

8 내가 공부를 더 많이 했더라면, 시험에 합격했을 텐데. (과거 상상)

If I ＿＿＿＿＿＿ ＿＿＿＿＿＿ more, I would have passed the exam. (study)

9 내가 (현재) 운전을 할 수 있으면 좋을 텐데.

I wish I ＿＿＿＿＿＿ drive. (can)

10 그가 (과거에) 일찍 왔으면 좋았을 텐데.

I wish he ＿＿＿＿＿＿ ＿＿＿＿＿＿ early. (come)

11 그녀는 마치 (과거에) 그 영화를 봤던 것처럼 말한다.

She talks as if she ＿＿＿＿＿＿ ＿＿＿＿＿＿ the movie. (watch)

12 그는 마치 (과거에) 그 책을 읽었던 것처럼 말한다.

He talks as if he ＿＿＿＿＿＿ ＿＿＿＿＿＿ the book. (read)

자세한 해석 및 풀이 다운로드!

Unit 1. 1형식이란? 018쪽

1. [주어] my feet [동사] hurt   2. [주어] the sun [동사] is shining   3. [주어] the baby [동사] can walk   4. [주어] they [동사] are dancing   5. early   6. at the door
7. at 10 o'clock   8. He moved to New York.
9. The shop opens at 9.
10. My parents live in Australia.

Unit 2. 2형식이란? 026쪽

1. cold   2. old   3. gray   4. a fashion designer
5. bad   6. soft   7. terrible   8. This is my cat.
9. The sky grew dark.
10. This towel smells good.

[Unit 1 복습 TEST]   1. My feet hurt.
2. He stood at the door.
3. My parents live in Australia.

Unit 3. 3형식이란? 033쪽

1. my notebook   2. the game   3. his car
4. He burned the pizza.
5. I borrowed some books.
6. Noah is charging his phone.
7. 목적어   8. 주격 보어   9. 목적어   10. 주격 보어

[Unit 2 복습 TEST]   1. My tea got cold.
2. This room smells bad.
3. The sky grew dark.

Unit 4. 4형식이란? 040쪽

1. me   2. Amy   3. her   4. I made him a scarf.
5. Tim gave her movie tickets.
6. He showed us his computer.
7. My mom bought me a new coat.
8. 2 형식   9. 1 형식   10. 4 형식

[Unit 3 복습 TEST]   1. They won the game.
2. I borrowed some books.
3. My uncle sold his car.

Unit 5. 4형식을 3형식으로 바꾸는 방법 048쪽

1. a letter, Sophia   2. science, them
3. breakfast, me   4. her phone number, me
5. 4 형식   6. 4 형식   7. 3 형식   8. for   9. to
10. of

[Unit 4 복습 TEST]   1. She bought me earrings.
2. I made him a scarf.
3. He showed us his computer.

Unit 6. 5형식이란? 054쪽

1. 주격 보어   2. 목적격 보어   3. 목적격 보어
4. 4 형식   5. 5 형식   6. 5 형식
7. I consider her a great artist.
8. Smart phones make life easier.
9. The boys left the classroom dirty.
10. He found the chair comfortable.

[Unit 5 복습 TEST]   1. I taught science to them.
2. My dad made breakfast for me.
3. She gave a drink to me.

Unit 7. 5형식에서 to부정사란? 063쪽

1. to help him 2. to feed the dog
3. to use his car 4. to arrive 5. to be
6. to stand 7. The doctor advised her to eat more vegetables. 8. They asked him to share his experience. 9. I expect Mr. Taylor to answer the question. 10. Our gallery doesn't allow visitors to touch the art.

[Unit 6 복습 TEST] 1. I found the answer strange. 2. The teacher made them quiet.
3. The boys left the classroom dirty.

Unit 8. 5형식에서 사역동사란? 069쪽

1. cry 2. catch the bugs
3. explain the reason 4. to clean 5. to open
6. check 7. go 8. He made me take the history class. 9. Ms. Lewis had the students write an essay. 10. She let her students choose a book.

[Unit 7 복습 TEST]

1. Ben asked her to help him.
2. I expect him to arrive at 7.
3. She told the students to stand up.

Unit 9. 5형식에서 지각동사란? 076쪽

1. selling 2. arrive 3. take 4. burning
5. Glen saw the girls playing basketball.
6. I heard him talking on the phone.
7. She felt her legs shaking. 8. coming
9. to wrap 10. bring

[Unit 8 복습 TEST] 1. He made me cry.
2. She had Jack catch the bugs.
3. She let her students choose a book.

Unit 10. 5형식 총정리 & 자동사, 타동사 084쪽

1. I'm sad. 2 형식 2. She lives here. 1 형식
3. This place is dangerous. 2 형식
4. I bought him a bike. 4 형식
5. He had her clean the room. 5 형식
6. I ordered a pizza. 3 형식
7. She wants me to cook. 5 형식
8. 타동사 9. 자동사 10. 타동사

[Unit 9 복습 TEST] 1. I saw him selling flowers.
2. She felt her legs shaking.
3. They heard a train coming.

Unit 11. 종합 TEST 085쪽

A. 1. ② 2. ② 3. ① 4. ④ 5. ② 6. ②
7. He looks angry.
8. My uncle bought a doll for me.
9. playing 10. fix

B. 1. I slept early. 1 형식
2. His hair turned gray. 2 형식
3. This towel smells good. 2 형식
4. My uncle sold his car. 3 형식
5. I will send her a Christmas gift. 4 형식
6. My dad bought the candle for me. 3 형식
7. They keep us safe. 5 형식
8. He wants his daughter to be a teacher. 5 형식 9. They let me go to the amusement park. 5 형식
10. She watched him take the bus. 5 형식

Unit 12. 현재완료의 형태 093쪽

1. 현재 **2.** 현재완료 **3.** 과거 **4.** have **5.** has
6. been **7.** known **8.** taught **9.** studied
10. used

[Unit 10 복습 TEST] **1.** This place is dangerous.
2. He had her clean the room.
3. He wants me to cook.

Unit 13. 현재완료 용법 1 [계속] 100쪽

1. have had **2.** has been **3.** have, driven
4. has closed **5.** have lived **6.** has played
7. has worn **8.** since **9.** for **10.** for

[Unit 12 복습 TEST]
1. have played **2.** known **3.** studied

Unit 14. 현재완료 용법 2 [경험] 106쪽

1. have, met **2.** has studied **3.** has, ridden
4. Have, played **5.** twice **6.** before
7. never **8.** 나는 이 노래를 전에 들어본 적이
없다. **9.** 너는 북경을 여행해본 적 있니?
10. 마이크는 학교에 세 번 늦어 본 적 있다.

[Unit 13 복습 TEST]
1. have had **2.** have, driven **3.** slept

Unit 15. 현재완료 용법 3 [완료] 113쪽

1. has, stopped **2.** have, taken
3. has, cooked **4.** have, ordered
5. 나는 이제 막 버스를 놓친 상태이다.
6. 나는 그 문제를 아직 풀지 못한 상태이다.
7. 그 회의는 이미 시작한 상태이다.
8. already **9.** just **10.** yet

[Unit 14 복습 TEST]
1. have, met **2.** known **3.** visited

Unit 16. 현재완료 용법 4 [결과] 118쪽

1. have lost **2.** has left **3.** have spent
4. has gone **5.** has broken **6.** has thrown
7. She has lost her laptop.
8. He has used up all the paper.
9. I have broken the cup.
10. Someone has eaten my chocolate.

[Unit 15 복습 TEST]
1. missed **2.** haven't solved **3.** has, passed

Unit 17. 현재완료 용법 구분하기 125쪽

1. never **2.** forgotten **3.** yet **4.** for **5.** 계속
6. 경험 **7.** 완료 **8.** gone **9.** been **10.** been

[Unit 16 복습 TEST]
1. has left **2.** has lost **3.** has eaten

Unit 18. 현재완료 VS 과거 131쪽

1. has visited **2.** went **3.** saw **4.** has written
5. built **6.** tried **7.** stayed **8.** have stayed
9. just **10.** two weeks ago

[Unit 17 복습 TEST]
1. seen, 경험 **2.** known, 계속 **3.** told, 완료

Unit 19. 종합 TEST 132쪽

A.

1. eaten **2.** has been **3.** have, finished

4. ① **5.** ③ **6.** ① **7.** have, cooked

8. watched **9.** left **10.** lost

B.

1. have stayed **2.** has waited **3.** has played

4. hasn't eaten **5.** has been **6.** have, ordered

7. have, told

C.

1. been **2.** driven **3.** has **4.** forgotten

5. has written **6.** built **7.** arrived

Unit 20. be able to 142쪽

1. She is able to skate.

2. I was not able to work yesterday.

3. Are you able to do that?

4. She will be able to come.

5. is **6.** sleep **7.** Are **8.** be able to

9. be able to **10.** be able to

[Unit 18 복습 TEST]

1. went **2.** have stayed **3.** saw

Unit 21. would like (to) 148쪽

1. Would you like some cake?

2. I'd like a cup of hot chocolate.

3. Would you like to play badminton?

4. I'd like to meet him. **5.** like **6.** to buy

7. go **8.** would like **9.** would like

10. would like to

[Unit 20 복습 TEST]

1. able **2.** be **3.** was

Unit 22. had better, used to 155쪽

1. had better **2.** had better not **3.** used to

4. didn't **5.** used **6.** not be **7.** call

8. take **9.** used **10.** use

[Unit 21 복습 TEST]

1. Would you like some cake?

2. I'd like a glass of water.

3. Would you like to play badminton?

Unit 23. 종합 TEST 156쪽

A.

1. able **2.** had better **3.** used to **4.** ② **5.** ③

6. You had better not go out this weekend.

7. I didn't use to walk to school.

8. Would you like some coffee?

9. Did you use to live in Seoul?

10. He'll be able to help you.

B.

1. able **2.** be **3.** would **4.** had better

5. had better **6.** use to **7.** used to

C.

1. Are **2.** be **3.** to meet **4.** to go **5.** had

6. be **7.** didn't

Unit 24. 수동태의 형태 168쪽

1. 능동태 **2.** 수동태 **3.** 능동태 **4.** 수동태

5. 과거형 **6.** 과거분사형 **7.** 과거형

8. 과거분사형 **9.** 그 책은 해리에 의해 쓰여졌다.

10. 이 그릇들은 나의 아빠에 의해 씻겨졌다.

[Unit 22 복습 TEST]

1. had better **2.** better not **3.** used to

Unit 25. 수동태 주의할 점　174쪽

1. was　2. be　3. was　4. were
5. He　6. him　7. was　8. be
9. This pasta was cooked by Logan.
10. The dog was washed by her.

[Unit 24 복습 TEST]
1. was bitten　2. locked　3. was written

Unit 26. 수동태를 쓰는 이유　181쪽

1. deleted　2. was deleted
3. changed　4. were changed
5. The desk was painted two days ago.
6. The house was sold last week.
7. Most toys are made in China.
8. The parcel was delivered yesterday.
9. The kids were taken to the library.
10. This umbrella was found in my car.

[Unit 25 복습 TEST]
1. was　2. were　3. him

Unit 27. 능동태를 수동태로 바꾸는 연습　189쪽

1. The fly was caught by my dad.
2. The living room is cleaned by Kevin.
3. The letter was sent by her.
4. This computer will be used by him.
5. The lemons were grown by my mom.
6. These stories were written by them.
7. The bag was stolen by him.
8. Dinner will be cooked by Amy.
9. This picture was taken by Emily.
10. The new plan was made by him.

[Unit 26 복습 TEST]
1. deleted　2. sold　3. painted

Unit 28. 종합 TEST　190쪽

A.
1. ④　2. closed　3. was found
4. done　5. made　6. ①　7. ②　8. ④
9. The house was built in 1970.
10. The new hair shop is run by her.
B.
1. made　2. drawn　3. sent　4. taken
6. cooked
C.
1. The dishes were washed by my dad.
2. The house was sold last week.　3. These
questions should be answered by Mike.
4. The parcel was delivered yesterday.
5. This computer will be used by him.

Unit 29. If + 현재시제　201쪽

1. finish　2. come　3. is　4. needs　5. tell
6. don't　7. will send　8. can go
9. will miss　10. will see

[Unit 27 복습 TEST]
1. The fly was caught by my dad.
2. The lemons were grown by my mom.
3. The bag was stolen by him.

Unit 30. If + 과거시제 208쪽

1. were **2.** had **3.** knew **4.** would **5.** would
6. could **7.** 현재 상상 **8.** 현재 조건
9. 현재 상상 **10.** 현재 조건

[Unit 29 복습 TEST]
1. am **2.** is **3.** tell

Unit 31. If + 과거완료시제 214쪽

1. had taken **2.** had come **3.** had had
4. have **5.** gotten **6.** talked **7.** had asked,
have helped **8.** had been, have seen
9. had saved, have lost **10.** had not snowed,
have visited

[Unit 30 복습 TEST]
1. were **2.** had **3.** would

Unit 32. If + 현재, 과거, 과거완료 220쪽

1. 현재 조건 **2.** 현재 상상 **3.** 현재 상상
4. 과거 상상 **5.** rains **6.** were **7.** had
8. had arrived **9.** have visited **10.** have seen

[Unit 31 복습 TEST]
1. had had **2.** had listened **3.** had asked

Unit 33. I wish 가정법 226쪽

1. were **2.** had **3.** could
4. had come **5.** had known **6.** had bought
7. had, done **8.** I wish I could dance well.
9. I wish I had a car.
10. I wish you had kept your promise.

[Unit 32 복습 TEST]
1. will **2.** would **3.** have

Unit 34. as if 가정법 233쪽

1. were **2.** had **3.** knew **4.** had passed
5. had won **6.** had been **7.** had cooked
8. He acts as if he were a teacher.
9. She talks as if she had watched the movie.
10. He talks as if he had read the book.

[Unit 33 복습 TEST]
1. were **2.** had bought **3.** had, done

Unit 35. 종합 TEST 234쪽

A.
1. were **2.** go **3.** had had **4.** ② **5.** ④
6. ④ **7.** ③ **8.** ③ **9.** ④ **10.** ②
B.
1. will send **2.** doesn't leave **3.** had
4. miss **5.** had been **6.** were **7.** didn't have
8. had studied **9.** could **10.** had come
11. had watched **12.** had read

고딸영문법

③ 문장 5형식부터 가정법까지 정복

지은이 **고딸 임한결**

그린이 **조한샘**

영문검수 **Scott Wear**

편집 **박수진**

펴낸 곳 **그라퍼**

Thanks to

엄마, 아빠의 딸로 태어나서 행복해요. 사랑해요.

늘 든든한 내 동생 한별아, 고마워.

조한샘 디자이너님! 함께 작업해 주셔서 정말 감사합니다. 짝짝짝! 최고예요.

수진언니! 언니의 꼼꼼한 검수는 늘 감동이야. 고마워.

항상 나의 일을 지지해 주고 응원해 주는 내 남편 꿀이오빠, 고마워요.

우리 스텔라, 언제나 늘 사랑해.

1판 1쇄 그라퍼 2022년 11월 11일

1판 2쇄 그라퍼 2024년 1월 8일

979-11-976520-4-2

979-11-976520-2-8 (세트)

grapher

고딸영어

🏠 grapherstudio.com

✉ garsimiro@gmail.com

📷 @grapher.official

🏠 blog.naver.com/84hahahoho

📷 @goddal_english

▶ www.youtube.com/c/goddalenglish